《艺术之约》编委会

音 渭 林 锜 景作人 张 杰 靳 然

刘新华 刘一豪 刘 昕 石 磊 张 茜

董 雪 刘星辰 徐轶玮 黄芯蕊 马文佳

陆 佩 陈 萍 徐 颖 宋承泽 李 响

钱 芳 金诗蕴 刘晏伶 杨梦露 张莉莉

郝 好 康牧瑶 韩 坤 李 桃 仝十一妹

《艺术之约》（音乐卷）

主 编/音 渭 景作人

艺术之约

*Shostakovich*

# 肖斯塔科维奇

刘一豪 音渭 编著

山西出版传媒集团
山西教育出版社

**图书在版编目（CIP）数据**

肖斯塔科维奇 / 音渭，景作人主编；刘一豪，音渭编著. -- 太原：山西教育出版社，2015.9

（艺术之约）

ISBN 978-7-5440-5705-9

Ⅰ.①肖… Ⅱ.①音… ②景… ③刘… Ⅲ.①肖斯塔科维奇（1906-1975）-传记 Ⅳ.①K835.125.76

中国版本图书馆CIP数据核字(2015)第054121号

艺术之约·肖斯塔科维奇

（YISHU ZHI YUE XIAOSITAKEWEIQI）

音渭、景作人 主编 刘一豪、音渭 编著

出 品 人 雷俊林

策 划 人 孙 轶 魏雪萍

责任编辑 崔 璨

装帧设计 王春声

出版发行 山西出版传媒集团·山西教育出版社

（地址：太原市水西门街馒头巷7号 电话：0351-4729801 邮编：030002）

印 装 山西臣功印刷包装有限公司

开 本 889×1194 1/32

印 张 5.625

字 数 87千字

版 次 2015年9月第1版 2015年9月山西第1次印刷

书 号 ISBN 978-7-5440-5705-9

定 价 31.90元

# 来赴一场艺术之约

（代序）

每个人都与艺术有缘。

不管你是否懂音乐，总会有一些动人的旋律在你人生经历的各个场合一次次响起，种进你的心里。

不管你是否爱音乐，总会有一些耳熟能详的名字被一次次提起，深深刻在你的脑海里，构成你的基本常识。

总有一次次的邂逅，你愕然发现某一段熟悉的旋律是来自某一位音乐巨匠的某一首经典名曲，恰如卯榫，完成了超越时空的契合。

永恒的作品，永恒的作者，是伴随我们的文明之路一直前行的。而这套书，便是一封跨越世纪的邀请函，翻开它，来赴一场艺术之约。

它讲的是音乐家的人生，同时用人生的河流串起每一处绝妙的风景，即音乐家们的作品。他们的生命从哪里开始，他们有怎样的家庭、怎样的童年、怎样的爱情、怎样的病痛，又怎样成长、怎样探索、怎样谋生，那些伟大的作品又是在什么情况下诞生……你会在这里一一找到答案。

他们其实不是艺术圣坛上那一张用来膜拜的画像，而是跟我们每个人一样，有血有肉，有哀有乐。巴赫一生与两位妻子结婚，生有20个子女，但只有10个成活；天才的莫扎特只有短短35年的人生，而舒伯特更短，只有31年；瓦格纳娶了李斯特的女儿；勃拉姆斯是舒曼的学生；贝多芬中年失聪；舒曼饱受精神病的折磨……每一首曲子，都不再是唱片上的音符，而是与鲜活的生命相联系。你从未如此真切地感受那些乐曲是由怎样的双手来谱写和演奏的。

当这许多位音乐家汇集到一起，便串起了一部音乐史，他们是音乐史的链条上最璀璨的珍珠。每一位艺术家都不是孤立的，而是互相呼应，他们是自己的传主，同时又是其他传主的背景。有时，几位名家同时出现或前后承接，你会发现他们在时间和空间上竟如此相近，你仿佛来到了19世纪维也纳的鼎盛时期，教堂的管风琴、酒馆的乐队、音乐厅的歌剧、贵族城堡的沙龙，处处有音乐缭绕。你与他们擦肩而过，他们正在去宫廷演奏的路上，正在教堂指挥着唱诗班，正在学院与其他派别争论。

你的音乐素养不再停留在几段旋律、几个名字上，你与艺术的联系更加紧密。你会在一场音乐会上等待最精彩的乐章，你会在子女接受音乐教育时找出最经典的练习曲，你会在某个地方旅行时说出哪位音乐家曾与你走过同一段路。

更重要的——你会更加深刻地感受到艺术的美好，享受精神的盛宴。贝多芬的《命运交响曲》，那雷霆万钧的激昂力量；舒伯特的《小夜曲》，那如银河繁星般浪漫的梦境；瓦格纳的《婚礼进行曲》，那如天宫圣殿般的纯洁神圣；柴可夫斯基的《第一交响曲》，那如海上旭日般的华美绚烂……

林　锜

2015 年 6 月于北京

# 目　录

# 第1章：圣彼得堡的童年

## 肖斯塔科维奇一家

在世界音乐史上，俄罗斯民族为人类贡献了许多世界级的音乐大师，如柴可夫斯基、普罗科菲耶夫、斯特拉文斯基等，他们的音乐跨越五湖四海，陶冶了心灵，点燃了希望，为不同肤色、不同民族的人们带来了美的享受。作为后来者，德米特里·德米特里耶维奇·肖斯塔科维奇也在世界上引发了持久的赞扬和推崇。不过，与前者在百科辞典中被称为"俄国"作曲家不同，肖斯塔科维奇是一位彻头彻尾的"苏维埃"作曲家。

在了解这位"神秘"作曲家的生平和创作之前，我们有必要介绍一下肖斯塔科维奇家族。肖斯塔科维奇家族一直受到19世纪至20世纪初俄国知识分子的文化传统和革命民主主义传统的熏陶和影响。

事实上，肖斯塔科维奇是波兰姓氏，而此时波兰是俄国的殖民地，它们的关系一向非常紧张。为了反抗俄国的占领，肖斯塔科维奇的曾祖父曾经参加了1830年的波兰起义，在华沙沦陷后遭到流放，而他的祖父博列斯拉夫·彼得罗维奇早在青年时代就走上了反对沙皇之路。中学毕业之后，博列斯拉夫·彼得罗维奇在格罗德铁路管理局获得了一份工作，并加入了一个名为“土地和自由”的秘密革命组织。在这个组织中，他经常散发革命传单，主持了一系列工作。作为波兰人的后裔，他坚决拥护波兰革命者的行动，加入了旨在追求波兰独立的波兰委员会。在19岁的时候，他组织并成功实施了雅罗斯拉夫·多布罗夫斯基的越狱大逃亡行动，这是他革命经历中最为辉煌的一页。雅罗斯拉夫·多布罗夫斯基是一位波兰革命者，当时被俄国沙皇判处死罪的他，正是在博列斯拉夫·彼得罗维奇等人的帮助下才逃离沙皇的魔爪，后来他担任了巴黎公社武装力量的总司令，成为革命者眼中的英雄人物。1866年，俄国的一位重要将军遇刺身亡，沙皇开始了大规模的搜捕行动，当时正在喀山的博列斯拉夫·彼得罗维奇被捕入狱，最终以“窝藏被通缉的国事犯”的罪名被流放到西伯利亚的托木斯克州。起初，他住在一个县城里，后来搬到托木斯克市，这时他未来的妻子——卡里斯托娃也被流放到这里，共同的追求和爱好使他们走到一起，成为一对革命夫妻。1873 年，博列斯拉夫·彼得罗维奇一家被转移到纳雷姆，这里的生活条件更加艰苦。正是在这个遥远的北部边城，他们的儿子，也是我们的作曲家的父亲——德米特里·博列斯拉维奇诞生了。1878 年，博列斯拉夫·彼得罗维奇迁到了伊尔库茨克市。当他摆脱了警察的监视之后，立刻变成了一个天才和一个精力旺盛的社会活动家、文艺评论家以及探险旅行家，后来他担任了西伯利亚商行伊尔库茨克分行的行长，甚至获得了伊尔库茨克荣誉公民的称号。最后，他选择了留在西伯利亚，并被选为伊尔库茨克市的市长，这对于曾经因犯罪被流放的人员来说简直是不可思议的，不过博列斯拉夫·彼得罗维奇做到了。

受父亲的影响，德米特里·博列斯拉维奇聪明伶俐、勤奋好学，就读于圣彼得堡大学数学物理系自然科学专业。在 1900 年大学毕业之后，他选择了留在圣彼得堡，并在圣彼得堡的标准局谋得了一个化学工程师的职位，与著名的俄国化学家门捷列夫共事——这是值得一家人永远骄傲的

19 世纪的伊尔库茨克

事情，肖斯塔科维奇后来曾自豪地回忆这件事。

在这前后，肖斯塔科维奇的母亲——索菲亚·瓦西里耶夫娜·柯卡欧琳也来到圣彼得堡求学。索菲亚出生在社会地位较高的家庭，她的父亲瓦西里是西伯利亚一个金矿的经理，负责矿场的运作，因此她接受的是管理阶层富裕人家女儿的特权教育。1890 年，她被送到沙皇尼古拉一世为贵族子女创办的伊尔库茨克学院，当尼古拉二世以皇太子的身份访问这所学校时，她前往谒见，并表演了一段舞曲。事实上，索菲亚是一位优秀的音乐家，具有颇高的钢琴造诣。1898 年，她的父亲辞去金矿的工作，举家迁往莫斯科，而她则获准进入圣彼得堡音乐学院深造。

求学期间，索菲亚寄住在父亲的朋友家里，在一次音乐聚会中，她认识了未来的丈夫德米特里·博列斯拉维奇。同索菲亚一样，德米特里·博列斯拉维奇也非常爱好音乐，而且很风趣，二人都被对方深深吸引，很快坠入爱河。然而，这对门不当户不对的恋人后来经历了重重磨难才最终走到了一起，于 1903 年 1 月 31 日举行了婚礼。婚后，他们在临近标准局的波多斯卡娅街租下了一间公寓，德米特里·博列斯拉维奇继续工作，索菲亚则放弃了学业，开始了家庭主妇的生活。他们共育有三个孩子，1903 年底第一个女儿玛露莎出生，三年之后他们唯一的儿子德米特里·德米特里耶维奇·肖斯塔科维奇出生，1908 年第二个女儿卓雅出生。

## 天才诞生

1906 年 9 月 25 日，肖斯塔科维奇出生于圣彼得堡波多斯卡娅街的一栋楼房里。圣彼得堡始建于 17 世纪初，是彼得大帝为了向西方学习而建造的“西方之窗”。它建造在一片沼泽地之上，地基使用的花岗岩来自于每一个在那里居住和工作的人所缴纳的税收，据说每一块石头都代表着一个工人的生命。在俄国历史上，圣彼得堡几易其名，1914 年之前被称为圣彼得堡或彼得堡，1914 年至 1924 年被称为彼得格勒，1924 年为纪念列宁改名为列宁格勒，而苏联解体后又恢复了其本来的名称——圣彼得堡。所谓仁者见仁，智者见智，不同的人对圣彼得堡产生了不同的印

沙俄时代位于西伯利亚的监狱

流放者居住的棚屋

象，俄罗斯著名作家伊诺克提·阿南斯基为我们深情地描述了第一次世界大战之前的圣彼得堡，也是肖斯塔科维奇童年时代的圣彼得堡：

> 我爱圣彼得堡，以及夏日公园里上百岁的菩提树，以及彼得大帝的小房子，以及陈列着缺了鼻子的希腊男女众神的小路……还有涅瓦河宽阔的水流，而城堡那巍峨、优雅的塔尖在夏季的“白夜”里显出轮廓。我记得圣彼得堡的气味和声音；莫克发亚铺木街道上疾驰马蹄的哒哒声，那是你早晨醒来之后听到的第一种声音；斯美奥诺夫斯卡娅拥挤的马车交通，马车夫……对他们的马和其他马车夫骂着脏话；而我也仍能闻到仲夏里修路工人的热焦油气味……

生于斯长于斯的肖斯塔科维奇，一生都对列宁格勒怀着深厚的感情，他曾深情地说道：“我的一生与列宁格勒有着不解之缘，我曾就读于列宁格勒音乐学院……我的前几首交响曲首先是由著名的列宁格勒爱乐乐团演奏的；无论在哪里生活，无论我到哪里演出或游历，我都永远觉得自己是一个列宁格勒人。”

在俄语里，作为人名的“德米特里”经常被昵称为“米佳”，因此德米特里·肖斯塔科维奇经常被人亲切地称

肖斯塔科维奇的父母

当年肖斯塔科维奇的出生地，现如今是一所学校

为米佳·肖斯塔科维奇。童年的米佳脾气温和，性格内向，据其母亲回忆，“儿子像女孩子一样文静，而卓雅却像一个男孩子那样调皮，活泼的玛露莎则很早就表现出了平静而健全的理性。姐妹们总是愿意当孩子头，有时还欺负德米特里，而他在和小朋友们玩耍的时候从不欺负任何人”。

从肖斯塔科维奇出生开始，音乐声就一直萦绕在他的耳边，早在孩童时期，他就显示出了非同寻常的音乐才能。成名之后，肖斯塔科维奇很少回忆他的童年，据说他曾经表示：“我的童年没有什么特别的事件”。然而，某些事件却深深印刻在他的记忆里。当时，在肖斯塔科维奇家的隔壁居住着一位工程师，同时也是一位狂热的业余大提琴手，他经常和朋友们在家里举行音乐聚会，演奏莫扎特、贝多芬、鲍罗廷以及柴可夫斯基的四重奏和三重奏。懵懂无知的小米佳经常被这优美的天籁之音所吸引，异常安静地静静倾听，有时甚至会在门外走廊上坐上好几个小时，这对于年幼好动的孩童来说，简直是不可思议的。

对于肖斯塔科维奇一家来说，音乐是必备的精神食粮，工作之余的他们经常举办有亲朋好友参加的音乐晚会。晚会上，德米特里·博列斯拉维奇喜欢唱一些吉卜赛浪漫曲，而小米佳非常喜欢父亲的演唱。这些活动在无形之中影响了小米佳的音乐品味，开发了他的音乐潜能，正是家里的音乐晚会使他熟悉了柴可夫斯基的歌剧《叶甫盖尼·奥涅金》，进而才使他到歌剧院欣赏这部歌剧，亲睹剧中绝妙的抒情角色，聆听迷人的管弦配乐，体验悲悯的人性。尽管肖斯塔科维奇早已经熟记了这部歌剧的大部分乐曲，但当他第一次在剧院听到这部歌剧由管弦乐团演奏时，还是大为惊讶，正如他所说的那样，“一个管弦乐的新世界在我面前展开，一个全新色彩的世界……”当小米佳5岁的时候，他和两个姐妹被带去听神话歌剧《苏丹王》，第二天他就创作出了自己的版本，利用朗诵和唱歌的方式来娱乐家人。要知道，小米佳一直到8岁才开始跟随母亲学习钢琴，而在此之前的种种早熟的才华显然不是父母的逼迫所致，而是与生俱来的。

当时小米佳的父母并没有想到他们的儿子会成为一名音乐家，这是因为他的父亲和许多亲属都从事科学研究工作，他们希望小米佳走他们的科研之路。不过，在母亲索菲亚眼中，音乐既是家居生活的一部分，也是培养和提高孩子综合文化素养的重要手段之一，因此在小米佳8岁的时候，母亲第一次让他坐在钢琴旁，开始给他上第一节钢琴课。如同所有具有音乐创作天赋的儿童一样，年幼的小米佳喜欢在钢琴上即兴演奏，练习新曲。他的姨妈娜杰叶塔记得他第一次为她弹奏的情形：

描绘旧时欧洲贵族家庭音乐会的油画

“这是个盖满雪的遥远村落。”先是一阵快速的音群，然后是一段曲调，伴随着他的解说——“月光照在空旷的路上，那里有间亮着烛光的小屋。”米佳弹着他的曲调，然后调皮地抬头盯着他的姨妈，蓦地敲了一个高音键，并说：“有人在窗口偷看。”

不过，如果你认为是小米佳对音乐的爱好和天赋使他对音乐学习产生了浓厚的兴趣，认为他少年时代的音乐学习一直很顺利，那就大错特错了。事实上，当时的他根本不想学习钢琴演奏，也不愿意学习乐理知识。尽管父母一直劝说，甚至强制他学习音乐，可他依然想方设法地逃避音乐课。不过，最终还是母亲的坚持取得了胜利，母亲的教育思想和教学态度对小米佳产生了重要影响和良好的效果。正如肖斯塔科维奇后来评价的那样，他的母亲是“初学音乐者最好的教师”。

## 崭露头角

经过一段时间的学习，德米特里天才般的音乐才华很快显露出来。母亲惊喜地发现他拥有绝对音高，不仅能够准确地分辨不同音高的音，而且有着极强的识谱能力，他从来不用专门去背诵乐谱，而是音乐自动地在他脑海中扎根。一个月的音乐学习之后，他已经能够演奏海顿、莫扎特等音乐大师的作品，而且还开始了谱曲。作为音乐家，正如《撒旦王的故事》中的王子格维东那样，德米特里的成长不是在白天，而是在黑夜。

母亲很快发现自己已经不能再教授他任何音乐方面的知识了，于是她决定把德米特里送到格列亚谢尔创办的音乐培训班去学习。格列亚谢尔当时已经66岁了，在圣彼得堡拥有无可比拟的声望，他曾经师从李斯特的学生克林德沃斯和库拉克等著名的钢琴大师。据说在那里，德米特里还曾经师从李斯特的另一位弟子——德国著名钢琴家、指挥家和作曲家汉斯·比洛。作为一名杰出的和经验丰富的教育家，比洛自行研究出一整套钢琴演奏技术。德米特里曾回忆说："比洛的钢琴课曾使我受益匪浅。"因此，我们可以毫不夸张地说，格列亚谢尔和比洛为肖斯塔科维奇的钢琴艺术奠定了坚实的音乐演奏基础。与生俱来的音乐才能和科学有效的后天教育，造就了又一位音乐大师。肖斯塔科维奇没有辜负众人的期望，他取得了异常惊人的成绩，据说他在11岁时就能够弹奏巴赫《十二平均律》中所有前奏曲和赋格——这在音乐史上只有少数的天才人物才能在如此小的年龄做到这一点。

需要指出的是，直到此时，德米特里的父母依然没有放弃让儿子选择某种学术方面的工作的希望。这一时期，德米特里接受的音乐训练都是在业余时间进行的，他不得不把主要精力都放在科学知识的学习上。按照父母的安排，1915 年德米特里被送到希德洛夫斯基学校，那里主要教授学生纯粹的科学知识，这显然不能满足德米特里对音乐的热爱和执着追求，他的成绩一直不理想。当 1917 年二月革命爆发的时候，德米特里才上一年级。当时的局势十分动荡，1917 年沙皇宣布退位，临时政府执政，社会动荡不安，列宁领导的十月革命正在如火如荼地进行，然而这一切并没有影响孩子们的音乐学习和例行的教育活动。

不过，1917 年 2 月，德米特里开始对格列亚谢尔钢琴班的学习感到厌烦。原来，年轻的德米特里在某种程度上已经超过了他的老师，而且格列亚谢尔对德米特里作的曲既没有表现出丝毫兴趣，也从来不表示赞同，于是德米特里就不再跟从他学习音乐了。这一年春天，德米特里开始跟从罗扎诺娃学习音乐。罗扎诺娃曾经是德米特里母亲的音乐教师，因此她很乐意教授德米特里，更不用说是这样一位天才少年了。在罗扎诺娃那里，德米特里在作曲方面的爱好和经验得到了绝对的支持和鼓励，他回忆说：

> 罗扎诺娃认为，除了钢琴学习之外，我必须同时学习作曲。1919 年夏天，当大家发现我在作曲方

面表现出坚韧不拔的精神之后，他们带我去见格拉祖诺夫……格拉祖诺夫说，我必须学习作曲。他的权威意见增强了我父母的信心，他们决定让我在学习钢琴演奏的同时，也学习作曲知识。接着，格拉祖诺夫建议我报考音乐学院。

德米特里的父母最终尊重了格拉祖诺夫的建议，同意在不影响正常学业的情况下，把德米特里送到圣彼得堡音乐学院上儿童班，以便让他接触到一个整体上较为专业的音乐环境。对于德米特里来说，这是人生的一大选择。他本可以成为一名出色的学者，但音乐天赋早已决定了他的人生之路。与其说是德米特里选择了音乐，不如说是音乐选择了德米特里，选择了这个天才音乐神童。

在这一时期，德米特里有一幅珍贵的肖像画，上面描绘着年轻的音乐家弹奏钢琴的神态，虽然他的面部表情依然充满着稚气，但他的眼神却闪烁出音乐大师的光芒。它出自于俄罗斯著名画家库斯托季耶夫之手，上面写着“致我的年轻朋友德米特里·肖斯塔科维奇，1919年9月”。当时只有13岁、名不见经传的德米特里是如何与库斯托季耶夫相识，并得到他的赏识的呢？一位名叫朱拉夫列夫的演员在一档电视节目上回忆了德米特里和库斯托季耶夫相遇的经过：

> 德米特里的一位同学是彼得格勒某艺术家的女儿，有一天她告诉父亲，说班上有一个钢琴弹得“棒得不得了”的男孩，希望能邀请他来家里坐坐。于是德米特里应邀到她家里喝茶，而且理所当然地有人要他弹奏钢琴，他照办了：演奏了肖邦、贝多芬等人的名曲，直到这个女孩打断他，问他为什么尽弹些老旧的古典玩意儿，并请求他弹奏一首狐步舞曲。女孩的父亲开口责备了她，对年幼的肖斯塔科维奇说：“德米特里，不要理她。弹你想弹的。”然后继续画他的素描。

当时的库斯托季耶夫年事已高，而且身患重病，然而这位身材不高、面色苍白的少年音乐家的演奏却深深吸引了他。音乐使年龄悬殊的两位艺术家相遇、相识、相知，并最终成为忘年交。德米特里非常尊重和爱戴库斯托季耶夫，经常为他弹奏音乐，并把早期写的一组前奏曲献给了他。至于这幅珍贵的画像则始终是德米特里的最爱，一直到他去世时都挂在他的寓所里。

库斯托季耶夫纪念邮票

## 革命的洗礼

说起肖斯塔科维奇的童年，我们不能不提到第一次世界大战和俄国十月革命。这场战争和革命的洗礼，深深影响了肖斯塔科维奇的人生追求，决定了他以后的艺术道路。

1914 年，萨拉热窝的一声枪响引爆了第一次世界大战，俄国和德国这对死敌又一次刀枪相向。起初，这场战争激发了第一波高昂的爱国主义情绪，暂时转移了俄国的国内矛盾，甚至连具有德国色彩的圣彼得堡这一名字都被改成了彼得格勒，但随着战事的持续，政府与人民之间的矛盾进一步激化。到了 1917 年，局势急转直下，人民的幻想彻底破灭，除了富人之外，每个人都感到了持久战带来的压力，民众心中的怨愤已无法抑制，彼得格勒再一次成为罢工和集体示威的场所。1917 年 2

月，彼得格勒爆发了罢工和街头示威，警察和军队疯狂的镇压，致使民众伤亡惨重。在这些街头暴动中，年轻的德米特里亲眼目睹了一个让他永生难忘的景象：“他们正在驱散街上的人群，有个哥萨克人用军刀杀死了一名男童。真是吓人，我跑回家告诉了父母。”这个印象是如此的深刻，以致他在受革命激发而作的两首交响曲中，以音乐的形式记述了这件事。

1917 年 3 月 23 日，一场盛大的葬礼在城里举行。士兵、水手、工人、学生一同沿着涅夫斯基大街行进，前往公墓合葬因革命而牺牲的人们。他们唱着革命的送葬歌曲《你如受害者倒下》缓步而行，正如约翰·李德形容的那样：“那缓慢的、悲哀却又昂扬的吟唱，如此的俄罗斯，而又如此的感人。”

你在致命的战斗中倒下，

为了人民的自由，为了人民的荣耀。

你放弃生命和珍爱的一切，

你在骇人的牢狱里受苦，

你戴着锁链跋涉流放……

背负枷锁，不发一言，因为你无法漠视同胞的苦难，

十月革命时期，列宁在演讲

因为你相信正义胜过刀剑……

时刻必到，你的牺牲有了代价。

时候近了，暴政败亡人民起来，伟大而自由！

再会了，兄弟们，你选择了一条高贵的路，

在你墓前我们誓言抗争，致力于自由与人民的福祉……

那一天，在熙熙攘攘的人群中，就有年轻的德米特里和他的父母姐妹。当晚，德米特里在钢琴前弹奏了他的《革命牺牲者的葬礼进行曲》，这首曲子后来成为肖斯塔科维奇家的访客经常要求弹奏的曲目。面对群众大规模的游行示威，沙皇不得不选择退位，其权力由临时政府和苏维埃政府取而代之。在推翻沙皇的统治之后，临时政府和苏维埃政府为了争夺政权展开了激烈的斗争。1917 年 4 月，列宁乘坐一辆密封的火车来到彼得格勒的芬兰车站。列宁的到来受到民众的热烈欢迎，他们早早地聚集到车站等候列宁，倾听他的演讲。而在拥挤的人群中，你会发现一个瘦小的身影，他就是年轻的德米特里——这在他一生中都是值得珍视的时刻。

1917 年 10 月，苏维埃军事委员会攻打了临时政府所在地——冬宫。在十月革命的进程中，“阿芙乐尔号”巡洋舰发挥了重要的作用，正是在这艘军舰上打出的炮弹吹响了攻打冬宫的号角。对彼得格勒的居民来说，停泊在涅瓦河上的“阿芙乐尔号”巡洋舰是一个熟悉的景观，当然，对孩童时代的德米特里而言也是如此。同时对于听着“阿芙乐尔号”的炮声而经历了那段激情燃烧的岁月的11岁孩童来说，这也成为了一种启发。经历了革命的洗礼，肖斯塔科维奇更加坚定了自己的选择，正如他晚年接受采访时所说的那样，正是这场革命使他成为作曲家：

> 这么说也许有些偏颇，但那的确是我头一次感到作曲是一项使命……当然，1917年的时候我还很年轻，可是我最初的童稚作品都献给了革命，并且都来自它的启发。我写了一首无词的革命颂歌，一首为纪念革命牺牲者的葬礼进行曲，还有一首是名为《革命的彼得格勒》的未完成作品。我在第十二交响曲的一个乐章中又用了这个标题……

不同于历史上的多数作曲家，肖斯塔科维奇生于动乱时期，亲眼目睹了世间的悲惨和黑暗，童年记忆中的残忍屠杀一直是他心头挥之不去的阴影，而革命的洗礼则又坚定了他走艺术道路的决心。终其一生，我们可以从其作品中看到他的革命热情和忧郁特质。如果我们侧耳倾听，就会发现肖斯塔科维奇的音乐忠实地描绘了他的生活和时代。音符虽不是文字，但对于肖斯塔科维奇来说，音乐就是人类经历的报道。

圣彼得堡风光

# 第2章：求学时代

## 考入音乐学院

1919 年，德米特里已经 13 岁了。在格拉祖诺夫的强烈建议下，父母决定让德米特里参加彼得格勒音乐学院的考试。由于当时还没有中级音乐教育水平的音乐专科学校，所以彼得格勒音乐学院不仅招收成年人，而且招收儿童。不同的是，成年人是全日制教学，而儿童则是在正常的学习之余学习音乐知识。这一年秋天，德米特里顺利通过了考试，考试时他弹奏了自己创作的几首前奏曲，监考官有尼古拉耶夫、施坦伯格和格拉祖诺夫等，他们都对德米特里的表现十分满意，对他的音乐天赋给予了高度的评价。

青年时期的肖斯塔科维奇

从此，德米特里正式进入彼得格勒音乐学院接受正规的音乐训练，这一时期在他的一生中具有重要意义。在这里他师从一大批杰出的音乐家，从他们那里汲取了丰富的营养，不过他的音乐发展并不只是局限在课堂学习上。正如他本人回忆的那样，他是一个求知欲和工作能力都很强的学生，总是带着浓厚的兴趣去学习，他尽可能利用一切可以利用的条件，大幅度扩充自己的艺术视野，迫切地汲取一切有用的知识。我们甚至可以说，他并不是从一所音乐学院毕业的，而是同时毕业于几所音乐学院。

彼得格勒音乐学院

在众多音乐教师中，对肖斯塔科维奇影响最大的要数尼古拉耶夫。在当时的彼得格勒，尼古拉耶夫是赫赫有名的钢琴大师，他曾是著名的钢琴教育家普哈利斯基和萨福诺夫的学生，他创作的多部作品都获得了广泛的认可，享有国际声誉。据统计，先后在他的钢琴班学习的学生有 150 多人，除了肖斯塔科维奇之外，还有索夫罗尼茨基、萨福申斯基、拉祖莫夫斯卡娅等著名钢琴家。他强烈反对所谓的古典权威式的演奏学派，这一派过分强调指法技术，其代表人物之一就是肖斯塔科维奇的首任钢琴教师——格列亚谢尔。难能可贵的是，尽管肖斯塔科维奇的钢琴演奏技术不符合尼古拉耶夫的教学原则，但他并没有完全打破肖斯塔科维奇原有的技术基础。作为一名艺术教育家，尼古拉耶夫更注重的是对学生演奏理念的培养，对于肖斯塔科维奇这样的音乐天才来说，这种做法恰恰是最重要的。在教授钢琴的同时，尼古拉耶夫还十分重视肖斯塔科维奇的作曲活动，经常给他提出一些宝贵建议，以此来帮助肖斯塔科维奇。后来，肖斯塔科维奇回忆说："令人遗憾的是，尼古拉耶夫·列昂尼德·弗拉基米罗维奇没有开设专门的作曲班。"对于尼古拉耶夫的培育之情，肖斯塔科维奇充满了感激。许多年之后，他特意谱写了《第二钢琴奏鸣曲》，并把它献给了自己的老师尼古拉耶夫。

如果说尼古拉耶夫引导肖斯塔科维奇徜徉在钢琴的海洋里，那么施坦伯格则让他自由翱翔于音乐的世界之中。施坦伯格是著名音乐家里姆斯基－科萨科夫的得意门生，肖斯塔科维奇一直在他的指导下学习作曲和配器法。作为里姆斯基－科萨科夫的继承人之一，施坦伯格具备精湛的艺术技艺和高超的教学方法，他把自己的知识和经验毫无保留地传授给肖斯塔科维奇，从而大大促进了其音乐素质的全面发展，激发了他对古典音乐的热爱，并帮助他掌握了作曲技巧。后来，当朋友们谈到他的《第一交响曲》时不禁发出这样的疑问：当他还是音乐学院的学生时，怎么就能如此牢固地掌握配器法呢？肖斯塔科维奇不无得意地说："这就是我跟从施坦伯格学习的结果。"

除了学习音乐之外，年轻的肖斯塔科维奇并没有闲着。在这里他认识了很多朋友，并结识了许多已经成名的音乐家。其中最重要的朋友要数谢尔巴乔夫。他是列宁格勒著名的作曲家和教育家，他在教学活动中始终坚持与施坦伯格不同的原则，比较重视现代音乐的发展，这对于年轻的肖斯塔科维奇来说显然具有更深远的意义。他曾陪同谢尔巴乔夫参加了列宁格勒著名的俱乐部，在那里肖斯塔科维奇展示了自己的早期作品，其中包括《钢琴前奏曲》《幻想舞曲》《双钢琴舞曲》、无声套曲《克雷洛夫寓言》，以及成为他本人创作活动中重要分界线的《第一交响曲》。

当时，音乐学院作曲系的学生也组织了自己的创作俱乐部，而肖斯塔科维奇也加入了这个俱乐部。据说，当时根据学生和有关教授的提议，选定了肖斯塔科维奇为青年作曲家少年组的领头人。他们经常举办各种音乐演唱会，带着极大的兴趣欣赏爱乐乐团举办的音乐会，观看乐队的排练，欣赏马林斯基剧院的戏剧。

对肖斯塔科维奇来说，音乐是最重要的，但并不是全部。作为年轻的音乐家，肖斯塔科维奇很早就酷爱文学，果戈理、列斯科夫等作家对他产生了深远的影响，他在后来的创作中多次从这两位作家的作品中汲取营养。此外，普希金、谢德林、陀思妥耶夫斯基等都是他喜爱的文学作家。除了音乐和文学，他还热爱运动，特别是足球运动。即使按照现在的标准，他也是一个十足的足球迷，不仅精通足球运动的各种细则，而且写过一些足球比赛方面的评论文章。

圣彼得堡音乐学院剧院大厅

## 幸遇“伯乐”

在介绍肖斯塔科维奇的求学和成长经历时，我们无法回避一位十分重要的人物——格拉祖诺夫。前面我们已经提到过他，正是在他的强烈建议下，肖斯塔科维奇的父母才改变初衷，决定把他送到音乐学院深造。在肖斯塔科维奇的音乐道路上，格拉祖诺夫堪称他的伯乐，从某种程度上，甚至可以说如果没有格拉祖诺夫的积极提拔和热情帮助，就没有肖斯塔科维奇的音乐成就。那么，格拉祖诺夫到底是一个什么样的人呢？

在俄国音乐史上，格拉祖诺夫虽然没有柴可夫斯基、斯特拉文斯基和肖斯塔科维奇那样如雷贯耳，但也占据一席之地，取得了卓著的音乐成就。亚历山大·康斯坦丁诺维奇·格拉祖诺夫（1865—1936）是俄罗斯著名的音乐家，年仅 16 岁的他就因其《第一交响曲》而一鸣惊人，宛如一颗彗星横空出世，光芒四射，令世界乐坛为之瞩目。他是一个充满交响乐思维的作曲家，与音乐史上的其他大师一样，格拉祖诺夫通常也要等到对乐曲已经胸有成竹之后才开始书写，而一写下来就是定稿。他是一位技艺精湛的乐器演奏家，对于乐队中的每一件乐器都了如指掌，运用自如。1896 年，格拉祖诺夫访问伦敦，在指挥排练他的《第四交响曲》时遭到了乐手的抵制，作曲家当场从容不迫地拿起圆号，吹出了被认为“不可能”演奏的音符。格拉祖诺夫的才华引起了柴可夫斯基的极大关注，1890 年，柴可夫斯基在致格拉祖诺夫的信中写道：“我是你的才华的热烈崇拜者，我极为珍视并认真看待你的追求、你对艺术的忠诚。我愿促成你的才艺充分发展，我愿能够对你有所助益。”在以后的日子里，柴可夫斯基不断地给予他指导和帮助，极大地提高了格拉祖诺夫的音乐水平。

从1899年起，格拉祖诺夫在圣彼得堡音乐学院任教，并于1905年出任学院院长，一直到1928年退休为止。除了在音乐创作方面取得的辉煌成绩外，格拉祖诺夫从事音乐教育30余年，贡献卓著，为俄罗斯培养了大批音乐人才，堪称俄罗斯专业音乐教育的奠基人之一。1922年，苏联政府表彰格拉祖诺夫创作生涯四十周年，授予他“共和国人民艺术家”的光荣称号，并决定给予他便于他开展创作活动和与他成就相称的生活条件。但他当即表示，希望不要把他置于和其他公民不同的生活条件下，同时呼吁政府关照音乐学院的取暖问题，从而及时解决了学院急需的柴火。他曾风趣地告诫自己的那些学生：“你们真幸运，年轻人。有那么多美好的事物等着你们去发现。而我呢，什么都已经涉猎了，不幸啊。”

正是格拉祖诺夫发现了肖斯塔科维奇这颗天才之星，并积极引导他在音乐道路上披荆斩棘，不断前进。当肖斯塔科维奇考入音乐学院的时候，格拉祖诺夫已经在那里担任了15年的院长，他为这位天才的表现兴奋不已。在评论肖斯塔科维奇早期作品的时候，他曾说过这样的话：“尽管我不喜欢，可时代是属于这个男孩的，而不是属于我的。”

后来的事实证明了格拉祖诺夫的断言，肖斯塔科维奇果然没有让他失望。这并不是随便哪个人都能说出的话，在肖斯塔科维奇孩童时期就敏锐地发现他的发展前景，只有慧眼识珠的格拉祖诺夫能做得到。事实上，在那个年代，任何人都没有像老院长那样，如此肯定而自信地说过肖斯塔科维奇的天赋和前途。1922年，格拉祖诺夫在肖斯塔科维奇作曲的考试试卷上作了这样的批注：“绝对鲜明、早期显露出来的天赋；令人惊讶和赞叹的天赋；极好的创作技艺，丰富而突出的音乐内容（5+）。”三年后，他又写下了这样的评语：“肖斯塔科维奇展示出鲜明而杰出的创作天赋；音乐中有许多幻想和新的发明；他现在正处于探索阶段……（5+）。”

当然，作为19世纪80年代成长起来的艺术家，格拉祖诺夫反对新音乐中的许多东西，因而对于肖斯塔科维奇创作活动中的某些因素，他并没有完全接受。有一次，他曾经批评过肖斯塔科维奇的演奏听起来有点枯燥，而且演奏技术超过了情感，和声也显得生硬。当听过肖斯塔科维奇的毕业作品——《第一交响曲》之后，他向肖斯塔科维奇提出了软化过多和声棱角的修改建议。虽然肖斯塔科维奇没有跟院长发生争执，但他依然坚持作品的原样，没有作任何的修改。

难能可贵的是，这些不愉快并没有影响到格拉祖诺夫对肖斯塔科维奇的喜爱和赞许，他依然坚定地支持他、帮助他。当学院行政长官打算取消肖斯塔科维奇的奖学金时，格拉祖诺夫坚决予以反对，他对那位长官说："肖斯塔科维奇是我国艺术事业的最佳希望之一！"有一次，肖斯塔科维奇病得很严重，格拉祖诺夫看在眼里，急在心里，他亲自写信向教育人民委员会求助，信中写道："假如这个人物去世，必将对世界艺术的发展带来无法挽回的损失。"事实正是如此，虽然 1923 年肖斯塔科维奇还不满 17 岁，但格拉祖诺夫就已经预见到了他的世界意义。

格拉祖诺夫不仅这样说，而且还以实际行动及时向肖斯塔科维奇提供了物质帮助。他从"鲍罗廷基金会"的资金中专门拨款，并以此作为肖斯塔科维奇的奖学金。他还为肖斯塔科维奇的粮食补助来回奔波。1922 年，肖

钢琴家演奏肖斯塔科维奇的钢琴协奏曲

斯塔科维奇的父亲因肺炎去世，一家的经济状况更加糟糕。不久，肖斯塔科维奇感染了肺结核，为了治病他需要一大笔钱，对此，格拉祖诺夫也给予了无私的帮助。

“千里马常有，而伯乐不常有”，对肖斯塔科维奇来说，格拉祖诺夫就是他的伯乐，可以说，如果没有格拉祖诺夫的发现、培养和帮助，就没有肖斯塔科维奇对世界的影响。

## 艰难的生活

我们在前面说过，肖斯塔科维奇的父亲大学毕业之后，在圣彼得堡标准局找到了一份工作，对于当时普通的俄罗斯家庭来说，这是一份非常不错的工作。1914 年第一次世界大战爆发，整个俄罗斯都陷入了战乱和饥饿之中，当然这是对穷人来说的，而当时的肖斯塔科维奇一家显然不属于穷人的行列。事实上，战争使得肖斯塔科维奇一家的经济状况越来越好。原来，肖斯塔科维奇的父亲在一家军火公司谋得了商务经理的职位，他的薪水很快帮助他们一家购买了一套新的公寓，并在乡间拥有了一套别墅和两辆汽车。

然而，革命的爆发既改变了俄国的一切，也改变了肖斯塔科维奇一家的生活，使得他们的生活与革命前相比有了天壤之别。1917 年革命爆发，接着是三年的内战，人民在酷寒严冬里因食物和燃料的短缺而饱受苦难。正如女诗人阿赫玛托娃在日记里记载的那样："斑疹、伤寒、饥荒、枪击，公寓陷入黑暗，人们因饥饿而水肿得无法辨认……"为了取得战争的胜利，苏维埃实行了"战时共产主义"政策，将工商业全面国有化，向农民强制征收农作物，以物资抵付薪资，并强制中产阶级服劳役。在革命的洪流中，肖斯塔科维奇一家不得不作出调整，当革命士兵宣布征用肖斯塔科维奇家的汽车时，他们沉静地服从了命令。

由于新政权和革命余波所带来的工作、财务、物质和社会的压力，使肖斯塔科维奇的父亲于 1922 年骤然辞世，这时肖斯塔科维奇只有 16 岁。对于失去支撑与依靠的肖斯塔科维奇一家而言，这是一段充满忧虑、物质匮乏与劳苦工作的时期。尽管有格拉祖诺夫和其他友人的帮助，肖斯塔科维奇一家的经济状况依然很不乐观。但是肖斯塔科维奇的母亲并没有屈服于命运的安排，而是以坚强的毅力改善家里的生活。于是，这位年近50岁、受过高等教育、深具文化涵养的女人在劳工工会中找到了一份收银员的工作，她每天要工作13个小时，还不得不面对无法预测的危险。在一个下班回家的晚上，一名歹徒袭击了她，希望能从她身上找到一些钱。歹徒的袭击使她的头部遭到重创，但强韧的肉体和坚忍的意志让她战胜了死神。但之后，由于有100卢布从她的收银机中不翼而飞，她因遭受怀疑而被革职。

由于母亲失业，家里三个年轻的成员都得尽力负担家计。21岁的姐姐玛露莎在一所芭蕾舞学校当音乐老师，教授钢琴，而肖斯塔科维奇则找到了一份为电影伴奏的工作。那时还处于无声电影阶段，所有的电影都是由钢琴家随着画面进行伴奏。肖斯塔科维奇曾在列宁格勒的许多电影院伴奏，他的即兴伴奏深深吸引了场内乐感良好的观众，他们多次邀请自己的熟人前去电影院，目的是为了让朋友们欣赏到这位年轻而一文不名的音乐家的演奏。然而，钢琴伴奏是一种异常艰苦的劳动，他常在寒冷而有怪味的戏院里敲着钢琴，直到深夜，然后在凌晨一点左右筋疲力尽地回到家中。这个工作持续了一年左右，后来他不得不终止这份工作，因为做电影院里的钢琴伴奏占去他大量宝贵的时间和精力，使他无暇从事自己的音乐创作活动。多年以后，肖斯塔科维奇仍然对这段经历记忆犹新，他在给朋友的信中是这样说的：

> 我对“光明戏院”的记忆绝对称不上快乐……我的工作是为银幕上的情感伴以音乐。它令我厌烦疲倦。工作繁重而薪水微薄，但是我耐着性子期待着领取那微不足道的酬劳。当时我们的生活是如此艰苦。

生活的艰辛磨炼了青少年时代的肖斯塔科维奇，锤炼了他的韧性和毅力。引人注目的是，正是在那段艰苦的年代里，肖斯塔科维奇的某些重要特点才得以显露出来。当时已经具有很高知名度的儿童钢琴教师、肖斯塔科维奇家的朋友克拉夫季娅·卢卡舍维奇在谈到15岁的肖斯塔科维奇时，惊喜地指出：“米佳·肖斯塔科维奇刚一出生，我就认识了他。他天生具有温柔善良的性格，有一颗崇高、纯洁和充满稚气的心灵。他喜欢读书，喜欢世界上一切美好的事物。”

除了经济上的困窘之外，精神上的打击也接踵而至。在那个动荡不安的年代，“中产阶级”的背景对肖斯塔科维奇一家毫无益处。工人阶级已经完全掌控了文化领域，旧时的中产阶级知识分子遭受到了严重的打击。1923 年，一个名为“无产阶级音乐家联盟”的组织成立，他们在刊物上以与无产阶级的意志“异质”为由，大肆诋毁几位古今大作曲家和他们的音乐，传统的音乐都被扣上“形式上技巧纯熟，内容却表达衰颓的中产阶级理念”的帽子。

在这种氛围下，政治侵扰了音乐学院，年轻的肖斯塔科维奇也逃不过嫉妒与阴谋。自从父亲去世之后，肖斯塔科维奇一直受到格拉祖诺夫的关心和爱护，然而随着学生组织政治权利的增加，他受到了越来越多的挑战。曾经有人想把肖斯塔科维奇从音乐学院赶出来，并取消他的奖学金。据赛洛夫回忆，事情的经过是这样的：

> 由施密特与任辛领导的一群学生，以投票的方式决定将德米特里逐出音乐学院，因此院方考虑终止他的钢琴课程。一群学生在有关单位撑腰的情况之下，企图停付格拉祖诺夫给他的奖学金，不过，格拉祖诺夫以这是他的私人赠予为由否决了这项决议。

年轻的作曲家

此外，这些人还试图使肖斯塔科维奇无法获得尼古拉耶夫的正式核准，而不能如期举行柴可夫斯基第一钢琴协奏曲的音乐会。与困窘的经济状况和糟糕的健康状况相比，这种精神上的折磨更为深入骨髓，无疑给年幼的肖斯塔科维奇造成巨大的伤害。但是，这一切都没有磨灭肖斯塔科维奇追求音乐的勇气和毅力，在这段时间里，他充分利用时间，如饥似渴地学习音乐知识，并开始了最初的音乐创作活动。

## 《第一交响曲》

肖斯塔科维奇在音乐创作上一直十分活跃，很小的时候他就能根据原有的曲谱进行即兴演奏，革命期间他甚至创作了自己的第一部歌剧《茨冈人》。这些音乐创作十分稚嫩，是肖斯塔科维奇出于好奇的自发行为。他真正的创作要从进入彼得格勒音乐学院开始，从 1919 年到 1924 年，他创作了许多作品，其中有标号的作品目录如下：

op. 1——谐谑曲（起初是为钢琴而作，后改编成乐队演奏曲目）

op. 2——八首钢琴前奏曲

op. 3——为乐队而作的变奏曲

op. 4——为次女高音而作的克雷洛夫寓言两首

op. 5——为钢琴而作的三首幻想舞曲

op. 6——为钢琴而作的组曲

op. 7——为乐队而作的谐谑曲

op. 8——钢琴、小提琴与大提琴三重奏

op. 9——大提琴与钢琴乐曲三首

op. 10——第一交响曲

这位年轻作曲家的创作与他本人的演奏艺术一样，同样获得了非同一般的高度评价。俄罗斯小提琴家和音乐评论家瓦尔特曾经这样写道：

在肖斯塔科维奇的演奏中，人们听到了天才的愉快而平静的自信。我的话不仅是指肖斯塔科维奇绝妙的演奏艺术，而且还指他的作曲技艺。

在众多早期的作品中，最引人注目的是《第一交响曲》。这是他的毕业之作，也是成名之作，在肖斯塔科维

奇的创作生涯中具有里程碑的意义。在介绍这部经典作品之前，我们有必要先了解一下他前面的作品。值得一提的是他的前奏曲。从肖斯塔科维奇的音乐历程来看，这几首前奏曲显然还不能称为成熟的作品，但正是在这些尚未成熟的作品中，人们看到了这个年轻作曲家独特而丰富的音乐天赋。作曲家的风格已经在精致而诙谐的《a 小调前奏曲》中有所体现，这首前奏曲预示着《第一交响曲》风格中某些元素的形成，突出了钢琴曲晶莹剔透的特点，而《降 D 大调前奏曲》的音乐则以其细腻的情绪色彩和心理特点吸引着听众。我们从中可以窥见一个未来的艺术大师，只有这样的大师才能够通过自己的音乐真实地反映人类各种不同的内心活动和感受。

1926 年 5 月 12 日的晚上，一场盛大的音乐会正在彼得格勒进行，音乐厅中座无虚席，济济一堂，观众满怀热诚地倾听着，几乎听不到一丝杂音。演出结束之后，现场观众久久不愿离去，要求演奏者重新演奏其中的第二乐章。最后，作曲家到前台谢幕，听众发现他只是一个大孩子，立刻又一次爆发出雷鸣般的掌声和喝彩声。这个男孩就是年仅 20 岁的肖斯塔科维奇，当晚演出的作品正是他的成名之作——《第一交响曲》。

那场首演音乐会是肖斯塔科维奇一生中最重要的事件，他内心的紧张和激动是可想而知的。他最担心的是音乐配器的质量，因为这是他平生第一次谱写如此大规模的和结构复杂的总谱。5 月 10 日，当音乐会排练结束之后，他给母亲打电话说：“一切正常，听起来效果还不错。”尽管如此，5 月 11 日晚上他还是彻夜未眠。最终，他取得了成功。俄罗斯著名指挥家尼古拉·马尔科指挥了这部作品，他是这样评价这场演出的：

观众极受震撼，音乐厅里有一股嘉年华的气氛。这种感觉难以言喻，但是在这次演奏中，毫无疑问有种正面的特质。这种感受通常只在演奏真正卓越的作品时出现，还不是一般情况能造就出来的一般成就，而是一次真挚而自然的赏识。这次的情况正是如此。

两个月后，《第一交响曲》在莫斯科演出，肖斯塔科维奇亲自弹奏了其中的钢琴部分。莫斯科“晚间电台”以下列文字总结了这位青年作曲家给人的印象：“音乐家中伟大的领导人物移居国外所留下的空缺并未使我们惊惧，因为他们后继有人。”《第一交响曲》是成功的，也是幸运的，短短几年之间，这部作品就被列入世界著名指挥大师的演奏曲目之中。1927 年，德国著名指挥家布鲁诺·瓦尔特在柏林指挥演奏了《第一交响曲》；1928 年，美籍波兰指挥家列奥波德·斯托科夫斯基在美国费城演奏了这部作品；1931 年，阿尔图罗·托斯卡尼尼在纽约指挥演奏了这部作品。从首演至今，一个世纪将要过去，但是《第一交响曲》依然是常演不衰的固定曲目，不时响彻在俄罗斯乃至世界许多城市的上空。

在被《第一交响曲》征服的同时，人们不禁会发出这样的疑问：对于年仅 20 岁的肖斯塔科维奇来说，这部不朽之作是怎样创作出来的呢？《第一交响曲》的构思是从 1923 年开始的，那时他已经为该曲的创作勾画了不少草图，打了多次草稿。直到 1924 年 10 月，他才正式开始谱写这部交响曲，1925 年 2 月他完成了前三个乐章的缩编谱，同年 7 月 1 日正式完成全谱。事实上，1925 年肖斯塔科维奇从列宁格勒音乐学院作曲系毕业，并直接升入研究生班深造，《第一交响曲》正是他的毕业考试作品。事实证明，《第一交响曲》完全是经得起考验的毕业论文，它结构严谨、主题统一、形式均衡、配器手法稳健，赢得了考试委员会一致而热情的赞许，并决定尽快安排它公开演出，于是我们就看到了《第一交响曲》首演的盛况。

下面，让我们来具体欣赏一下《第一交响曲》的音乐艺术吧！

《第一交响曲》共有四个乐章。第一乐章以一种惊慌不安的，甚至有些阴郁的节奏开始，首先就给人营造出了一种神秘之感。接下来的主部声音透明而低沉，进行曲的节奏和旋律柔软而曲折。捷克著名作家和文艺评论家马克斯·勃罗德给予了《第一交响曲》高度的评价，关于第一乐章，他是这样说的："从前几个小节开始，乐声就顿时使整个乐曲沸腾起来了，音乐中充满了各种对比：既有饱满的激情，也有足够的温柔；既充满理想，又有威武的气概；既有欢腾，也有悲伤和获得自由的人们的心声。"

第二乐章是谐谑曲，充满了愉快、幽默的气氛，与第一乐章形成鲜明的对比。这一部分是全曲的精华所在，在首次演出时就应观众的要求而演奏两遍，布罗德称之为"民族音乐的无比力量的庄严宣誓"。

第三乐章的内容比较复杂，它的主题传达着愉快的心情和崇高的自然形象。与此同时，也包含着另一种音乐思想，即坚定有力的和命令式的动机，类似于革命歌曲的进行曲旋律。

第四乐章是《第一交响曲》中动感最强的乐章，其主要的音乐内容包括朗诵艺术和充满激情的旋律，涡流式进行并夹杂着谐谑意味。这一乐章中给人最大震撼的要数表现惊恐和紧张的方法。当这种惊恐和紧张达到最大极限时，乐队突然中断演奏，接着定音鼓轰鸣而沉重的敲击声打破了突然降临的沉寂。但交响曲并不是以悲剧结尾的，生活还在继续，作品的最后几个小节似乎是在向人们发出“前进”的召唤。布罗德对第三、四乐章的评价非常中肯，“尽管结构比较简单，但仍然使人感到了由旺盛青春活力迸发出来的无限力量”。事实上，肖斯塔科维奇的《第一交响曲》与生活紧密联系在一起，甚至当时西方的评论家也在音乐中听到了苏维埃时代的召唤。1939 年，《美国音乐》曾作出这样的评价：“这是通过音乐和生活反映出新一代人们的心声。”

在这部早期作品中，肖斯塔科维奇并不是在各方面都做到了完美无缺，有些地方也会出现辞藻过于华丽和风格前后不一的现象。但不管怎么说，对于一位 19 岁的少年来说，我们不能过于苛刻，更何况他的作曲技术确实非常扎实。总之，《第一交响曲》唤醒了一大批音乐鉴赏家，使他们更加信任这部作品的作者。与此同时，人们开始对这位年轻的作曲家寄予更大的希望。

# 第一交响曲

Symphony No. 1

## I

Op. 10

〔苏〕肖斯塔科维奇

Shostakovich

(1906－1975)

《第一交响曲》乐谱

# 第3章：探索之路

## 华沙失利

1925年，肖斯塔科维奇成为列宁格勒音乐学院的研究生，但他的生活依然过得十分艰难。在这段艰难的日子里，许多热心人都伸出了援助之手，其中就有列宁格勒军区总参谋长沙波什尼科夫。这要从苏维埃国防人民委员图哈切夫斯基和著名的音乐评论家日利亚耶夫说起。在国内战争期间，二人曾一起在部队服役，并保持着良好的关系。日利亚耶夫把肖斯塔科维奇一家的困境告诉了图哈切夫斯基，而图哈切夫斯基也是一位音乐爱好者，他非常欣赏肖斯塔科维奇的音乐天赋，于是他特地请求沙波什尼科夫帮助这位年轻的作曲家。

这一时期，肖斯塔科维奇还遇到了他一生的挚友——伊万·伊万诺维奇·索列尔金斯基。索列尔金斯基对肖斯塔科维奇的生活和创作产生了重大影响，正是在他的引领下，肖斯塔科维奇开始认真研究勃拉姆斯、马勒、布鲁克纳等人的音乐，尤其是他对马勒音乐的兴趣，很早就反映在其创作之中。1944 年，索列尔金斯基在自己创作最旺盛的阶段与世长辞，肖斯塔科维奇失去了这位知音。为了悼念这位朋友，他把自己创作的最佳室内乐之一——《第三交响曲》献给了索列尔金斯基。

在研究生阶段，肖斯塔科维奇不停地思考自己的人生之路：毕业之后，我将从事哪门专业的工作？是做一名钢琴家，还是做一名作曲家？二者兼得显然是不可能的，最终他选择了做作曲家。但这并不能否认他在钢琴演奏方面的天才。事实上，肖斯塔科维奇曾连续多年一直把大部分精力投入在钢琴演奏上，他曾经演奏过肖邦的钢琴协奏曲、柴可夫斯基的《第一钢琴协奏曲》、普罗科菲耶夫的《第一钢琴协奏曲》，很快便跻身于当时苏联著名的钢琴家行列。1926 年底，第一届肖邦国际钢琴大赛将于 1927 年在华沙举办的消息传到彼得格勒，苏联决定选派一批年轻的钢琴家前去参赛。当时的国家学术委员会提名推荐了五名苏联最优秀的钢琴家，肖斯塔科维奇就赫然在列。

众所周知，肖邦国际钢琴大赛每五年在波兰首都华沙举办一次，至今已有八十多年的历史。它是世界上最著名、最严格、级别最高的钢琴比赛之一，堪称音乐界的奥运会，它不仅记载着现代钢琴家们的年少风华，更是20世纪钢琴演奏史上不朽传奇的见证。而举办肖邦国际钢琴大赛的缘由，有种说法是，第一次世界大战后，肖邦的音乐被世俗气息曲解成靡靡之音，甚至连专业音乐院校都不愿意再将肖邦的作品作为教学曲目。在这样的情况下，波兰的钢琴家和音乐教育者们决定举办“肖邦国际钢琴大赛”，以此发扬肖邦的音乐精神，并发掘出优秀的肖邦音乐诠释者。

肖邦是肖斯塔科维奇最喜欢、最崇拜的音乐大师之一，早在孩童时期他就开始关注并演奏肖邦的作品，给观众留下了深刻的印象。据阿尔什万格回忆说，他清楚地记得肖斯塔科维奇“对伟大的波兰作曲家进行的深刻的、忧伤而庄严的、区别于所有沙龙式演奏的和异常认真的诠释”。肖斯塔科维奇的挚友、《肖斯塔科维奇传》的作者丹尼列维奇曾有幸聆听了肖斯塔科维奇演奏的肖邦音乐，受到很大的震撼，他说：“当肖斯塔科维奇诠释肖邦和李斯特的作品时，他是一位浪漫主义钢琴演奏家；而当他演奏自己

波兰音乐大师肖邦

创作的作品时，则是另一类钢琴家，他此时的演奏体现出了他从尼古拉耶夫老师那里继承来的理智、严谨的准确度和清晰度以及明快的节奏感。”

按照规定，第一届肖邦国际钢琴大赛的演奏曲目是：规定曲目——肖邦的《升 f 小调波兰舞曲》；任选曲目——一首叙事曲、两首前奏曲、两首小夜曲、两首练习曲和两首玛祖卡舞曲。为了准备这次大赛，肖斯塔科维奇投入了百分之百的精力。1927 年 1 月 14 日，五名苏联钢琴家在莫斯科音乐学院大音乐厅分别演奏了个人的参赛曲目，肖斯塔科维奇的演奏充满了独特的诗情画意，但听起来有些缺乏感染力，而另一位选手列夫·奥博林则赢得了现场观众的一致好评。一周之后，他们启程去往华沙，在那里，奥博林不仅征服了所有的评委，而且还征服了华沙的听众，获得了一等奖，而肖斯塔科维奇则折戟沉沙，仅仅获得了荣誉证书。

这一结果令肖斯塔科维奇很失望，甚至有些愤怒。实际上，朋友们对他的期望更高。至于为什么没有获得奖项，一个重要的原因是他在比赛期间生病了，这无疑会影响他演奏的效果。当时他感到身体很不舒服，从华沙回来之后，便在医院做了阑尾炎手术。除此之外，显然还有其他原因使他未能获奖。当时波兰的一部分人认为，在苏联前来参赛的人中如果有三位获奖，甚至包括一个一等奖，必然会导致波兰钢琴家处于劣势。于是，肖斯塔科维奇和另外一名苏联钢琴家成了牺牲品。正如当时的报刊所报道的那样，波兰女钢琴家艾特金娜的演奏远不如肖斯塔科维奇，却获得了三等奖。

比赛结束之后，肖斯塔科维奇并没有马上回国，而是分别在华沙和波兰其他几个城市举办了巡回演出，除了演奏其他人的曲目外，他还演奏了自己的《第一号钢琴奏鸣曲》。在此后的一段时间里，他依然从事钢琴演奏活动，经常参加一些室内乐队的演奏，并为歌唱家伴奏。到了20世纪30年代，肖斯塔科维奇就不再公开演奏“他人的作品”了。也正是从那时开始，他把自己所有的精力都放在音乐创作上，彻底放弃了成为一名专职钢琴家的理想。

举行肖邦国际钢琴比赛的华沙爱乐厅

## 风格巨变

在《第一交响曲》完成之后，肖斯塔科维奇很快又回到他非常喜爱的钢琴音乐创作上，1926 年他完成了《第一号钢琴奏鸣曲》，1927 年又完成了以《格言》为题的钢琴作品套曲。之后，他暂时放弃了钢琴作品的创作，直到 1932 年才重温这一创作体裁。1932 年起他谱写了《二十四首前奏曲》和《第一号钢琴协奏曲》，此后又经历了一个停顿，直到 1942 年他创作了《第二号钢琴协奏曲》，又过了 8 年，他才重新开始谱写《二十四首前奏曲和赋格》，期间他还创作了六首儿童钢琴作品。在肖斯塔科维奇的创作经历中，为什么会出现这么长时间的“停顿”呢？其主要原因在于肖斯塔科维奇对其大型作品的创作构思是交响曲，而不是钢琴曲。从音乐内容上讲，在他创作的钢琴作品中，只有一部可以与他的交响曲相媲美，那就是完成于

1950 年的《二十四首前奏曲和赋格》，后面我们将详细分析这部作品。

对于肖斯塔科维奇来说，交响曲如同一块磁性十足的磁铁深深吸引着他，让他为之耗费全部的时间和精力。当他完成钢琴作品套曲《格言》之后，便迫不及待地开始了《第二交响曲》的谱写工作。1927 年，为了纪念十月革命胜利十周年，苏联国立出版社邀请肖斯塔科维奇谱写一部交响曲，这就是他的《第二交响曲》，其全称是《献给十月革命的交响曲》。1927 年 11 月 5 日、6 日，《第二交响曲》在列宁格勒举行了两场首演，参加演出的有列宁格勒爱乐乐团和列宁格勒模范合唱团，演出的指挥工作依然由著名的指挥家马尔科担任。肖斯塔科维奇的新作又一次获得了成功。在演出结束之后，应听众的强烈要求，他不得不多次返场谢幕。很快，《第二交响曲》在莫斯科也进行了演出。

受当时社会环境和政治氛围的影响，媒体对肖斯塔科维奇通过音乐形式表现革命大主题的大胆尝试给予了正面的评价。关于这部交响曲，苏联最著名的评论家金兹堡曾这样写道："《十月》交响曲以迅猛的爆炸性动力，通过作者巨大创作力的展示，充分体现了当时的革命思想。"《第二交响曲》的独到之处还在于：音乐结构恢宏，同时还使人感到一种生疏而尖利的声调。但是，《第二交响曲》并没有成为固定的演奏曲目，它很快就被人们所忘却。其中既有政治的原因，也有音乐本身的原因。当时，以斯大林为首的苏维埃在思想艺术领域进行了一场反对“形式主义”的斗争，《第二交响曲》被扣上“形式主义”的帽子，并受到严厉的批评，甚至一度遭到“禁演”的厄运。除此之外，《第二交响曲》自身也存在一些问题，部分音乐结构的抽象性既表现得不太恰当，音乐主题的表现力也不够强。

其实，在《第二交响曲》中，肖斯塔科维奇并没有延续《第一交响曲》的创作风格。与《第一交响曲》相比，《第二交响曲》的风格发生了巨大的变化，而这两部作品的问世只相隔两年的时间。那么，究竟是什么引起了他创作中的“急转弯”呢？原因就是那个沸腾的时代，那个大变革和大转折的时代。当时所有的作曲家都在寻找符合革命事业和革命思想的“语言”，但是谁也不清楚应该沿着哪个方向去寻找，究竟走哪条道路可以带来更好的效果。肖斯塔科维奇也一直在苦苦追寻着最佳的途径，他的探索一直持续到《第三交响曲》。

《第三交响曲》创作于1929年，其原来的标题是《五一交响曲》，是为了纪念五一国际劳动节而谱写的作品。1930年1月21日，《第三交响曲》在列宁格勒纳尔瓦高尔基文化宫进行了首次演出，不久又分别在费城和芝加哥进行了演出。

与《第二交响曲》相比，《第三交响曲》的特点在于创作风格上的改进。为了弥补《第二交响曲》中抽象性不足的弊端，这部交响曲充分体现了语言的民族性和歌唱性，出现了前者所缺少的固定的体裁性——这些都加强了作品中固有的现实主义倾向，取得了可喜的效果。据某些听众反映，他们在音乐中听到了焕然一新的春天景象与革命大游行的热烈场面融为一体的效果。因此，如果说《第二交响曲》在很大程度上是作者对革命思考的结果，那么，《第三交响曲》则是作者创作意图向具体的音乐形象转移的见证。

肖斯塔科维奇当时以及后来多年的创作之路，都与整个苏联文艺发展史分不开。在当时复杂的环境中，一大批艺术家以顽强和勇敢的精神，不断探索着自己的发展之路。在他们的尝试和探索中，既有失败，也有巨大的成功。肖斯塔科维奇也是这些艺术家中的一员，正是他在自己的尝

《第二交响曲》CD 封面

《第三交响曲》CD 封面

试中遇到的挫折和取得的成功，决定了这位年轻作曲家的创作风貌。需要指出的是，肖斯塔科维奇正是在那个特殊的年代，开始了创作宏大的现代主题作品的尝试。尽管存在这样或那样的问题，但是如果考虑到当时许多苏联作曲家对如此重大的社会主题都感到陌生，甚至非常遥远，就不必苛求肖斯塔科维奇了。

## “快乐作曲家”

从 1927 年到 1932 年，肖斯塔科维奇把主要精力放在戏剧音乐的创作上，他谱写了两部歌剧、两部芭蕾舞剧、五部话剧音乐、说唱与马戏音乐。此后的许多年里，他的音乐创作再也没有与戏剧艺术有过如此紧密而多样化的联系。从天性上看，肖斯塔科维奇属于一个“为戏剧而生的人”。他懂戏剧，爱戏剧，他的歌剧创作确实比芭蕾舞剧创作更胜一筹。假如不是出现种种变故，肖斯塔科维奇一定会继续他的歌剧创作事业，也一定能为苏联歌剧艺术创作出更多的新成果。

在创作《第二交响曲》之后，肖斯塔科维奇把精力转移到歌剧创作上。他本想写一部以现代社会生活为主题的歌剧，但一直没有找到适合自己的现代素材。于是，他把目光转向经典文学作品，最终他决定根据果戈理的中篇小说《鼻子》谱写一部同名歌剧。据肖斯塔科维奇在一篇文章中的介绍，之所以选择《鼻子》，是因为它嘲讽了尼古拉一世时代，而且它的文字生动形象、富有表现力，正是下面的一段文字给肖斯塔科维奇的歌剧创作带来了灵感：

> 大学督柯法列夫……那天早晨起了个大早。当他醒过来之后，他用嘴唇发出“B—r—rh”的声音，这是他睡醒之后必做的事，他自己也说不出为什么。然后他伸伸懒腰，从旁边的桌子上取了一面小镜子，检查检查前一天晚上鼻子上冒出来的一颗痘子。可是，让他吓得魂出七窍的是，他脸上原来是鼻子的地方，现在却只有平平的一片！

1928年，歌剧《鼻子》创作完成，并于1930年1月13日在列宁格勒的马利歌剧院进行了首演，获得了巨大的成功，得到了一些评论家的热情赞扬。肖斯塔科维奇的好友、列宁格勒爱乐乐团演讲师和演出部主任索列尔金斯基把《鼻子》形象地称为“远射程大炮”，认为它彻底摒弃了古老的歌剧创作形式，是歌剧发展史上前所未有的讽刺剧。当然，并非所有的评论都是友好的声音。杨科夫斯基认为歌剧没有揭示出果戈理小说的社会意义，是一种偏离苏联歌剧艺术发展之路的试验品。日托米斯基则进行了更严厉的批评，他认为肖斯塔科维奇的创作之路是一条虚伪的道路，只能导致苏联歌剧走入死胡同。

在这种情况下，歌剧《鼻子》只上演了 16 场，就被宣告禁演。后人在讨论和评价这部歌剧时，也往往采用极其严厉的批判性口吻。尽管存在着不足，但其优点和成就还是非常显著的。据肖斯塔科维奇本人回忆，在谱写歌剧《鼻子》时，他的指导思想是情节要素和音乐要素均等。毫无疑问，他达到了自己的目的，使音乐与戏剧中的故事融为一体。历史证明了歌剧《鼻子》的价值。1974 年，在首演 44 年之后，歌剧《鼻子》又一次登上了舞台，此后它相继在德国、捷克、意大利等国多次上演。

在歌剧《鼻子》完成后不久，肖斯塔科维奇又为马雅可夫斯基的话剧《臭虫》谱写了音乐——这种新的戏剧创作方法是他和梅耶霍德合作的结果。梅耶霍德是当时著名

歌剧《鼻子》剧照

的前卫舞台导演，当他从马尔科口中得知肖斯塔科维奇的天赋后，迫不及待地给他打电话，邀请他到自己的剧院工作。肖斯塔科维奇对梅耶霍德的戏剧创作一直有着浓厚的兴趣，因而愉快地接受了这份工作。梅耶霍德把肖斯塔科维奇安排在自己的家中居住，并邀请他为话剧《臭虫》谱曲。肖斯塔科维奇毫不犹豫地答应了，在极短的时间内，他就完成了话剧所需要的23段音乐。马雅可夫斯基看到曲谱之后，感到非常满意，“音乐真实反映了话剧的讽刺意味，正是话剧《臭虫》所需要的”。于是，1929年2月13日，话剧《臭虫》第一次与观众见面，就收到意料之中的效果。

这一时期，肖斯塔科维奇进行了多种多样的艺术探索，除了交响曲和歌剧之外，他还先后为两部芭蕾舞剧——《黄金时代》（1930年）和《螺丝钉》（1931年）谱曲，但是由于种种原因，这两部芭蕾舞剧都遭到了异常严厉的批评，首演之后再也没有被搬上舞台。从总体上看，虽然这两部芭蕾舞剧都没有获得成功，但是责任主要在几位剧作者身上。事实上，肖斯塔科维奇在《螺丝钉》中创作的一首组曲经常在各种音乐会上演奏，而且取得了极佳的效果。

肖斯塔科维奇的探索并不限于此，他还对另一个领域——电影配乐进行了探索，并为此倾注了大量心血。早在音乐学院学习期间，为了补贴家用，肖斯塔科维奇就曾经在电影院做过无声电影的钢琴伴奏。1928 年，肖斯塔科维奇受邀为电影《新巴比伦》谱曲。当时距离影片公演只剩很短的时间，而肖斯塔科维奇又身患重病，他只得带病工作。1929 年，《新巴比伦》在列宁格勒各大影院与观众见面，尽管有的音乐片段听起来不太符合观众的口味，但它们仍然引起了观众强烈的共鸣。面对赞扬和批评，肖斯塔科维奇没有骄傲和气馁，而是再接再厉，勇往直前。在电影《一个女教师》和《金山》中，他的努力得到了回报，其中《金山》组曲一度被称为“苏联音乐创作的极大成功”。不过，在所有的电影配乐中，最著名的要数《来人之歌》的配乐。1953 年，杜纳耶夫斯基高度评价了肖斯塔科维奇为《来人之歌》的配乐，“在影片《来人之歌》中，作曲家肖斯塔科维奇创作了真正意义上的大众歌曲，这首歌曲一直流传至今。之所以有如此大的影响力，是因为它真实地表达了影片的思想内容和各个不同人物的情感，并且与现场观众的情感产生了共鸣。”确实如此，在第二次世界大战期间，这首歌曲传到了世界各地，甚至被当作

“联合国”的国歌。直到今天，俄罗斯的人们仍然会不时唱起这首歌曲。

歌剧《鼻子》、芭蕾舞剧组曲以及部分电影插曲为肖斯塔科维奇赢得了“快乐作曲家”的荣誉称号，因为他当时主要的艺术创作手段就是讽刺和幽默。正如他本人所说的那样，“我想在所谓的‘严肃音乐’中获得嘲笑的合法权利。当观众在听我的作品时哈哈大笑起来，或者微笑起来，我就会感到一种莫大的满足。”

## 赞誉与批判

转眼几年过去了，那是肖斯塔科维奇孜孜不倦地工作和辛勤劳动的几年，他每时每刻都在工作，甚至在高加索度假期间，也没有中断自己的创作。这时，列斯科夫的中篇小说《姆钦斯克县的麦克佩斯夫人》正式出版，很快，根据这篇小说拍摄的影片也与观众见面，这使肖斯塔科维奇感到震撼和激动。与此同时，他产生了创作同名歌剧的想法，后来他的歌剧《姆钦斯克县的麦克佩斯夫人》成为苏联和世界音乐艺术的巅峰作品之一。

1930 年秋天，肖斯塔科维奇完成了歌剧剧本的创作计划之后，邀请著名文学家普赖斯撰写脚本，而他本人则专心致志地创作歌剧音乐。不过，许多事情会不时地分散他的精力，他只能断断续续地创作，1931 年秋天在高加索旅行期间他完成了第一幕的音乐创作，1932 年 3 月完成了第二幕的音乐创作，第三幕的音乐创作是在克里木完成的，而第四幕的音乐创作则一直到 1932 年底才彻底完成。每次出现分散他歌剧创作精力的情况时，他都感到很无奈，在他看来这些都是一些琐事。

不过，有一件事情绝对不是琐事。在创作《姆钦斯克县的麦克佩斯夫人》期间，肖斯塔科维奇收获了爱情的果实，1932 年他与尼娜·瓦西里耶夫娜·瓦尔扎尔结婚。尼娜是一位天体物理学家，她在生活中给予了肖斯塔科维奇很大的帮助。为了感谢妻子对自己的支持和帮助，肖斯塔科维奇将《姆钦斯克县的麦克佩斯夫人》中六首改编自日本诗歌的浪漫曲献给了自己的夫人。不久，他们有了一对可爱的儿女，儿子叫马克西姆，女儿叫贾琳娜。肖斯塔科维奇非常重视对孩子的音乐教育，专门为他们谱写了几首钢琴作品，但是女儿后来并没有成为音乐家，而是选择了自然科学。肖斯塔科维奇并没有因此责怪女儿，相反还非常赞同女儿的选择。儿子马克西姆倒是很有继承父志的愿望，他自幼喜欢指挥，最终成为了一名著名的音乐指挥家。

1934年1月22日，歌剧《姆钦斯克县的麦克佩斯夫人》在列宁格勒马利歌剧院举行了首演。在歌剧将要结束的时候，其成功就已成定局，而歌剧的最后一幕更是使在场的观众大为震撼，他们给予了歌剧的作者、导演和演员们经久不息的热烈掌声。很快，这部歌剧就在莫斯科上演了，不过其名字被改为《卡捷琳娜·伊兹迈洛娃》。许多年之后，肖斯塔科维奇在修改这部歌剧时，用《卡捷琳娜·伊兹迈洛娃》替代了原来的名字。在苏联，《姆钦斯克县的麦克佩斯夫人》先后演出了83场。同时，这也是第一部极受外国观众欢迎的苏联歌剧，分别在美国的纽约和克利夫兰、英国的伦敦、捷克的布拉格、瑞士的苏黎世、瑞典的斯德哥尔摩等城市上演。当时的评论家也为这部歌剧所折服，他们热情洋溢地赞扬肖斯塔科维奇及其杰作，丝毫不吝啬语言和口舌。索列尔金斯基写道："可以完全负责地证明，在俄罗斯音乐剧发展史上，继歌剧《黑桃王后》之后，尚未出现过像《姆钦斯克县的麦克佩斯夫人》这样规模盛大、含义深刻的作品。”虽然关于歌剧的优点和缺点、某些个别方法的合理运用等方面，可能存在“仁者见仁，智者见智”的情况，但是可以毫不夸张地说，那些最具有说服力的长段，例如第三、四场中女主人的唱段、摆放着尸体的音乐场景、苦役者的合唱等，已经达到了柴可夫斯基的歌剧创作水平，而当时的肖斯塔科维奇只不过是一个二十五六岁的年轻人。

按照最初的设想，肖斯塔科维奇准备创作三部歌剧，以展示不同历史时代的俄罗斯妇女的命运。遗憾的是，我们只看到了第一部《姆钦斯克县的麦克佩斯夫人》，该剧描写了女主人公对“黑暗王国”的极力反抗，而她的反抗情绪却把她推向了犯罪道路。肖斯塔科维奇把《姆钦斯克县的麦克佩斯夫人》称为“悲剧”，第三场的开头部分是全剧的重头戏和最佳片段，仅仅通过对这一段场景的描绘，我们就能深深地感受到歌剧的悲剧情节：

> 黄昏时分，令人寂寞的一天又过去了，乐队重复奏响的旋律表现出一种极大的伤感气氛，仿佛整个四壁和室内的空气都令人窒息，而又无处躲藏，房间的各个角落里呈现出死一般的寂静，就连门锁上都好像

挂着寂寞、忧伤……

据在剧中扮演女囚犯的歌唱家威尔泰讲述，当她刚刚试听完这部歌剧之后，就被那种通过音乐表现出来的女性的悲观情绪完全征服了，她的内心感到一种难以言状的隐痛和忧郁。这是肖斯塔科维奇的第一部音乐剧，不过就歌剧本身的感染力而言，绝不亚于他的交响曲。

《姆钦斯克县的麦克佩斯夫人》剧照

这部歌剧甚至引起了苏联最高领导人斯大林的注意，1936 年 1 月，他亲临歌剧院观赏了演出。然而，之后《姆钦斯克县的麦克佩斯夫人》及其作者的命运就发生了复杂的变化。肖斯塔科维奇最早听到苏维埃官方不认同他的歌剧，是他在1936年1月28日早晨打开《真理报》的时候，当时他正在前往阿尔汉格尔斯克的旅途中。在《真理报》第三版的左上角刊登着一篇名为《混沌代替了音乐》的文章，作者对《姆钦斯克县的麦克佩斯夫人》大加诋毁：

> 乐曲一开始，听众就被刻意制造出来的不协调而混乱的声流所震惊。旋律的片段、未成型的乐句在喧嚣嘈杂、尖叫声中消失……这段音乐是以一部受排斥的歌剧为底本……他把“梅耶霍德主义”最负面的特征带进了剧院和音乐中。我们有左派分子的困惑，而不是自然的、属于人的音乐……

据说，这篇评论的作者是一个叫安德烈·日丹诺夫的人，他在苏维埃政府中专门负责意识形态方面的工作。1934年，日丹诺夫主持了苏维埃作家联盟大会，在会上第一次提出了“社会主义现实主义”的概念。这部歌剧起初受到好评，是因为它斥责了19世纪沙皇时代富商的腐朽生活，而且对角色和场景的处理都非常俄国化，这正是苏维埃政府所需要的。然而，它鼓励观众注意自身，去做精细的道德分辨，这与官方的“社会主义现实主义”所要求的

"新而美妙"的生活并不协调——这是当权者所不能容忍的。对肖斯塔科维奇来说，歌剧《姆钦斯克县的麦克佩斯夫人》是他最心爱的作品之一，政府和媒体对他歌剧创作的批评意见无疑是一种沉重的打击。在很长一段时间里，肖斯塔科维奇及其作品受到了不公正的对待，甚至他本人也一度面临被捕入狱的危险。

在这次事件之后，肖斯塔科维奇的歌剧和芭蕾舞剧创作活动宣告结束。此后，有些单位和团体邀请他参与不同题材的歌剧创作，最终都没有结果。1938 年 11 月 20 日，《文学报》上刊登了肖斯塔科维奇的一篇文章，他在文中透露了自己根据莱蒙托夫的小说《假面舞会》改编歌剧的构思，但最终同样毫无结果。

在遭受批判之前，肖斯塔科维奇创作了自己的《第四交响曲》。本来这部交响曲应该在 1936 年举办首演，但因为《姆钦斯克县的麦克佩斯夫人》遭到禁演，《第四交响曲》有点"生不逢时"，所以他非常明智地取消了首演计划。直到 26 年后，也就是 1962 年 12 月 30 日，《第四交响曲》才首次公开问世。当时莫斯科音乐学院大音乐厅里座无虚席，听众们聚精会神地聆听着这部作品，唯恐漏掉一个音符。当最后一个很长而令人伤心的和弦完全沉寂下来之后，场内顿时爆发了热情洋溢的掌声。尽管《第四交响曲》的内容相当复杂，音乐语言十分俏皮古怪，依然立刻得到了广泛的承认。

苏联发行的肖斯塔科维奇纪念邮票

# 第4章：时代号手

## 重获新生

在《第四交响曲》完成还不到一年，肖斯塔科维奇便开始了《第五交响曲》的创作。1937 年 7 月，《第五交响曲》横空出世，这部交响曲对肖斯塔科维奇具有重要的意义，堪称他事业上的转折点，开启了他新的创作阶段，也使他的艺术生命获得了新生。

1937 年 11 月 21 日，在苏联著名指挥家穆拉文斯基的指挥下，《第五交响曲》在列宁格勒举行了首演，得到了听众的肯定和接受。尽管如此，起决定作用的还是即将在首都莫斯科举行的演出——那里的听众已经带着浓厚的兴趣并焦急地期待着这次首演了。莫斯科首演的日子终于到来了。当音乐学院大音乐厅内的嘈杂声和乐队调音的声音终于静下来时，著名指挥家豪克信步走上指挥台，音乐厅内立刻响起了热烈的掌声。豪克举起指挥棒，作了一个短促而有力的手势，大提琴和低音提琴在小提琴的伴奏下立刻奏出了一阵威严的乐声，交响曲拉开了序幕。场内上千名听众在聆听这首交响曲时，已经忘记了音乐厅之外的世界。当然，第一次聆听新作，未必能很好地领悟每一个音乐思想的变化和乐队各声部的配合，但是听众毕竟已经通过自己的智慧、心灵和神经感悟到了音乐的主题思想。他们很快发现，《第五交响曲》孕育着人类意志的无比威力及其由深深的疑虑带来的痛苦、愤懑和悲伤。这里有战争给人类带来的灾难与痛苦，有通过镇压迫不及待地获得政权的敌人的铁蹄声。正在这时，乐队奏响了最后一个象征着光明的和弦，一切顿时变得明朗起来——交响曲的“英雄”最终找到了欢乐和幸福之路……

一阵震耳欲聋的掌声之后，当交响曲的作者每次走上舞台谢幕时，听众就发出一次比一次更加热烈和响亮的掌声，场内观众极度兴奋的情绪和雷鸣般的掌声犹如狂风暴雨一样。听众们一次又一次地从座位上跳起来，有些人的脸上还流露出一种特殊的自豪感，好像这部杰作是通过他们的共同努力创作出来的一样。可是，此时的肖斯塔科维奇却显得非常不安，当他每次走上台谢幕时，他的表情都似乎在说：“对不起，都是我不好，是我的音乐造成了这种骚乱的局面。”

新闻媒体很快对这部杰作进行了大量的报道，其中苏联著名作家阿列克谢·托尔斯泰对肖斯塔科维奇及其作品进行了毫不保留的赞扬，他说：“光荣属于我们这个时代，它全方位给予世界如此伟大的音乐和思想；光荣属于我国人民，因为是人民造就了如此伟大的艺术家。”而苏联英雄格罗莫夫则深受这首乐曲的感染，他说：“在《第五交响曲》中，鼓舞人心的是真诚、乐观主义和深厚的感情。从第一乐章到终曲，交响曲丰富的音乐内容始终深深地吸引着听众，并一直使听众处于高度兴奋和紧张的气氛之中，使大家感到肖斯塔科维奇饱尝艰辛，经常对周围世界所发生的一切进行反复的思考。”

虽然肖斯塔科维奇很少公开评价自己的作品，可是这次在莫斯科，他最终还是对记者讲述了自己对于《第五交响曲》的一些看法，他明确地指出了交响曲的主题，

“《第五交响曲》的主题讲的是个性的问题。我认为人及其自身所有的感受就是这部作品构思的中心。”这为我们理解这部作品打开了一扇窗户。

在第一乐章里，我们可以分明地感受到人的内心的各个侧面，其中有人的内在冲突、各种不同感情和欲望的斗争。总的高潮段运用了肖斯塔科维奇典型的创作方法——弦乐、木管乐和圆号蔚为大观的合奏，表达了交响曲“主人公”克服艰难万险、不达目的誓不罢休的坚定信心。

在第二乐章里，我们可以感受到一幅世俗生活的画面——和平环境中的欢乐、人们载歌载舞、朴实而祥和的幸福家庭等形象暂时掩盖了悲剧主题。但是生活的意义并不在于此，整个第二乐章仅仅是一个间隙，最终的目的还是为后面作铺垫。

在第三乐章里，人类最大的不幸与思考结合在一起。其中既有人类的不幸，也有作曲家自己的不幸。那段时间，肖斯塔科维奇经历了许多痛苦，度过了无数艰难的日日夜夜，有过多次失望，也克服过无数的困难。尽管如此，他的音乐表现的仍是宽广而坦荡的胸襟，不仅反映了个人安危，而且还表达了全人类的共同命运。

在终曲里，作曲家充分运用了人民主题。开头部分充满了强烈的、甚至狂暴的激情，坚毅节奏的巨大力度和铜管乐器吹奏的号角声，使听众产生了心潮澎湃的感觉；接着是一个抒情乐段，虽然带有一定的悲伤色彩，但毕竟也带来一线光明；最后一个乐段展现的是在长期而艰难的斗争中表现出来的人民的最大的努力，预示着胜利的到来。

1938 年 6 月 14 日，《第五交响曲》在国外举行了首演，这场演出由法国指挥家德索尔梅尔指挥，是专门为国际反法西斯合作举办的音乐会。当时一家报纸是这样评论的："《第五交响曲》给人的印象恢宏而质朴，我们对我们时代真正的音乐家肖斯塔科维奇表示欢迎，同时我们对他寄予莫大的期望。"《第五交响曲》为肖斯塔科维奇赢得了世界范围内的广泛赞誉，他的国际知名度越来越高。事实上，早在《第五交响曲》之前，肖斯塔科维奇就已经在世界范围内享有盛名。1935 年，美国"哥伦比亚"广播电台在听众中做了一次民意调查，所提出的问题是："您认为在当代活着的音乐家中，谁可能是百年之后依然享有盛誉的音乐家？"入选的音乐家有拉赫玛尼诺夫、理查德·施特劳斯、普罗科菲耶夫、斯特拉文斯基，以及天才的肖斯塔科维奇——他当时还不到30岁。

在《第四交响曲》之后，《第五交响曲》成为肖斯塔科维奇继续前进的标志。其中表现出来的积极向上的音乐创作原则更加符合逻辑：他丝毫不减弱悲剧色彩，在此基础上又确认了光明、毅力和智慧的原则。这种光明的结局显然符合苏联当时的文艺政策，不过它到底有多么真切呢？从肖斯塔科维奇晚年的谈话中，我们可以看出一点端倪：

> 我想每个人都清楚在《第五交响曲》里发生了什么。那种欢腾气氛是强挤出来的，是在威胁之下捏造而成的，就像在《鲍里斯·戈多诺夫》中那样。这就好像有人用棍子打你，说："你的工作就是要快乐，你的工作就是要快乐。"而你站起身来，浑身战栗，口中喃喃自语地说着："我们的工作就是要快乐，我们的工作就是要快乐……"法捷耶夫去听了这首曲子，然后在日记里写道："第五号的终乐章是无可挽回的悲剧……"

不可否认，肖斯塔科维奇的创作深受当时苏联政治环境的影响，所有的艺术作品都要带一个"光明的尾巴”，《第五交响曲》也不例外，这不能不说是作曲家的遗憾。但除此之外，我们丝毫没有理由去怀疑《第五交响曲》的音乐价值和历史地位。

录有肖斯塔科维奇《第五交响曲》的 CD 封面

# 恢宏巨制

作为十月革命的领袖和苏联社会主义事业的导师，列宁在苏联民众中享有崇高的声誉。为了纪念列宁，1939 年肖斯塔科维奇曾产生过为列宁创作交响曲的想法，他打算将马雅可夫斯基描写列宁的诗歌作为歌词，同时利用一些民谣和民俗歌曲的旋律创作这部交响乐。他原计划在 1940 年完成这部作品，甚至为此已经搜集了前两个乐章的音乐素材。遗憾的是，计划中的交响曲并没有诞生，取而代之的是另一部恢宏巨制——《第六交响曲》。

1939 年 11 月 5 日，肖斯塔科维奇的《第六交响曲》在列宁格勒举行了首演，担任乐队指挥的是穆拉文斯基，他还指挥了在莫斯科的首场演出，两场演出都获得了巨大的成功。不过，与《第五交响曲》相比，媒体对《第六交响曲》的评价有所不同。《第六交响曲》曾一度引起媒体的某些误解，并遭到严厉的批评，他们指责作曲家又回到了形式主义的道路。然而，是金子永远会发光，多年以后评论界终于完全认可了这部作品的优点及其艺术价值。

与《第五交响曲》相比，《第六交响曲》篇幅较小，只有三个乐章，而且各乐章的安排非常独特，因而引起某些批评家的困惑不解。通常情况下，在三个乐章的交响曲中，慢乐章是处在两个快乐章之间的，而这里在慢的第一乐章之后接着出现与它形成强烈对比的两个快的乐章——谐谑曲和终曲，因此《第六交响曲》有时又被称为“带有两个谐谑曲”的交响曲。下面，我们来具体欣赏一下这部杰作。

第一乐章以带有崇高悲剧和慷慨激昂的演说性质的前奏开始。前奏部分动人心弦，但同时又具有一定的悲剧色彩，其目的是暗示听众作好听悲伤故事的心理准备。第一乐章的核心是一个作为副部的乐段，但是这个乐段与死的主题有着直接的联系，在类似于葬礼进行曲的低音声部均匀旋律的伴奏下，首先是英国管，然后是其他乐器，奏响了神秘的呼唤声，一些轻微的、无限延长的颤音充斥了副部。这些颤音为音乐增添了孤单而震撼人灵魂的色彩，悲痛与奇妙的幻想元素融合在一起，然后这些元素又得到进一步的扩张。

接下来的展开部也有很多惊人之处。长笛独奏声部的颤音变成了精巧奇异的花饰，十分微弱的和令人不安的颤音改变了自身的音色：委婉的长笛乐声与定音鼓低沉的轰隆声和钢片清脆悦耳的声音交替出现，这段优美的音乐使人产生了某种玲珑剔透的感觉，听众仿佛看到了远离现实的生活景象，大家的心弦稍微松弛了一点。因为交响曲主人公的生命之火还没有完全熄灭，即使此时他的意识已变得昏昏沉沉。简短的再现部则是对故去的人的哭悼，“一切都结束了”——这就是再现部的意义所在。

第二乐章规模不大，演奏时间大约有五分钟，仿佛是介于肖斯塔科维奇表现的一般乐观主义与代表“恶势力”的谐谑曲之间，该乐章发挥了间奏曲的功能，从中我们可以发现作曲家表现出了无限的机敏和极为丰富的想象力。

第三乐章是用古典回旋奏鸣曲的形式创作的，这是全曲的高潮部分。如果说《第五交响曲》的终曲主要表现的是一种英勇精神，那么《第六交响曲》的终曲代表的则是肖斯塔科维奇创作中再现纵情狂欢场面的独特典范。这里所说的“纵情狂欢”是指人在“无所畏惧”时的放纵和狂欢。无论发生什么事情，太阳之光是不会黯淡的，充满活力的欢乐之源是永远不会枯竭的——交响曲中那些描写无忧无虑欢乐场面的旋律和节奏的意义就在于此。与此同时，肖斯塔科维奇还特别广泛地运用了描写日常生活的各种不同的音乐要素，特别是当时回荡在公园里的那些歌曲元素，包括了流行歌曲、进行曲和舞曲，甚至是马戏团常用的音乐元素。一般来说，作曲家会回避“直接引用”他人旋律要素的创作方法，不过上述“原料”在经过肖斯塔科维奇的加工后，成为一种全新的音乐素材，即所谓的“现代主义和民主主义基础之上的、交响技艺完善的独特而辉煌的典范之一”。

《第六交响曲》CD 封面

纵观这一时期肖斯塔科维奇的音乐作品，我们可以发现他的《第四交响曲》《第五交响曲》和《第六交响曲》都集中表现了20世纪30年代的社会环境和民众的心理状态。当时的苏维埃国家正处在年轻时代，整个一代人处于年轻的时代，而肖斯塔科维奇就是那代人中的一员，所以他的交响乐反映了当时苏联社会生活的各个方面，他的交响乐就是那个时代的艺术文献，为整个时代吹响了前进的号角。

## 《钢琴五重奏》

在《第六交响曲》完成后不久，肖斯塔科维奇又创作了一部室内乐杰作——《钢琴五重奏》。在这里，我们首先要普及一下室内乐的知识。“室内乐”一词来自意大利语“musica da camera”，出现在17世纪的西方音乐中。当时是指在王宫、贵族家里演奏的气质高雅的音乐，而且不对外公开演出，并要求欣赏者遵守一定的礼仪规范。巴罗克时期室内乐的主要形式是三重奏鸣曲，而海顿的弦乐四重奏的成熟与完善使得室内乐这种形式在古典主义时期有了较典型的创作与演奏模式，直到贝多芬时期，室内乐才开始有了更加开放式的发展。舒伯特的弦乐五重奏、勃拉姆斯的弦乐五重奏，以及德彪西、肖斯塔科维奇、勋伯格的重奏作品，均赋予室内乐以新的生命力，在乐队编制、表现内容方面都与传统的带有优雅美感的室内乐作品大相径庭。尽管音乐表现的张力越来越大，反映的哲理和内涵越发深刻复杂，但人们仍然会感受到从室内乐作品中流露出的高贵气息。

肖斯塔科维奇的《钢琴五重奏》完成于 1940 年。这时第二次世界大战已经爆发，而苏联选择了中立，全国人民在斯大林政权的领导下大搞社会主义。但是，斯大林统治的 30 年在苏联历史上也被称为“白色恐怖”的时代，人们常常陷于思想言论和文艺作品中的政治倾向问题的恐慌中，稍有不慎便会惹来一系列批判，甚至是更严重的后果。在这样的社会环境下，肖斯塔科维奇将自己对人生的哲学观隐含在作品中，用怪诞的音乐语言、鲜活的节奏性，表达着对世事的讥讽和不屑，这已是作曲家创作的一个普遍特点。《钢琴五重奏》的诞生便是一个有力的例证。

1940 年 11 月 23 日，《钢琴五重奏》举行了首演，与其他许多作品的首演不同的是，这场首演并不在列宁格勒，而是在莫斯科的第四届苏联音乐节上。肖斯塔科维奇又一次受到苏联音乐界的关注，《钢琴五重奏》被誉为“最近一个时期苏联音乐的最佳成果”。苏联著名音乐家普罗菲耶夫对这部作品给予了高度的评价，赞扬了作曲家深思熟虑的构思及其对室内乐的良好感觉，他特别喜欢其中的赋格，“最近一段时间，根本没有谁能写出听起来如此新颖和有价值的赋格……应该向肖斯塔科维奇深深地鞠上一躬，因为从总体上看，在他创作的这段赋格中，有许多新颖之处”。《钢琴五重奏》的荣誉还不止于此。在 1941 年举办的“苏联国家奖金”颁奖仪式上，肖斯塔科维奇的《钢琴五重奏》为他赢得了音乐艺术组一等奖的荣誉，并使他获得了十万卢布的奖金——这既是对《钢琴五重奏》的认可，也是对肖斯塔科维奇的肯定。

如果说《第一号弦乐四重奏》是一部类似于水彩草图的作品，那么这部《钢琴五重奏》则属于一部大型油画作品。虽然它只是为五件乐器所作，但却具有交响乐的特点。不过，《钢琴五重奏》又与肖斯塔科维奇的悲剧作品有很大的区别：《钢琴五重奏》犹如一个可以让人平静地思考的诗情画意的王国，这是一个充满着纯洁高尚情感的世界，到处都是一派欢乐景象，处处呈现出田园风光。这是肖斯塔科维奇第一次，也是最后一次创作出如此恢宏而和谐的作品。在此之后，由于战争和政治斗争的影响，他再也未能获得如此平静的创作时刻。

整部作品共有五个乐章，音乐流露出鲜明的交响性特征，时而出现欣欣向荣的欢乐场面，时而又陷入深深的思索……在钢琴声部简洁、有力的旋律架构下，对弦乐具有特殊敏锐力的肖斯塔科维奇塑造了各种鲜活的音乐形象，俄罗斯宽广悠长的旋律、顽皮幽默的情趣与气势恢宏的交响性音乐交织在一起，使得作品极具个性，很容易就将人们带入肖斯塔科维奇的音乐世界，并为之动容、为之欢悦。

《钢琴五重奏》的曲式结构反映出音乐内容的两个基本特点。在前两个乐章里，表现了带有抒情意味的思考，赋格实际上是这种曲式的古典主义典范。在这段赋格里，尽管作曲家解决了一系列极为复杂的技术难题，但是任何片段都没有把展现技术作为创作目的的痕迹。复调具有鲜活的生命力，使听众能够直接感受到它的气息节奏，而音乐中则包含着内心的热情，仿佛在向听众讲述着诸多温馨的故事。另一个显著的特点是一段充满节日欢乐气氛的、剧烈而精巧的谐谑曲和田园式的终曲。

作曲家在创作前的构思、所要表达的情感与内涵，都需要演奏者去了解。领会了作曲家的构思，方可演奏。欣赏肖斯塔科维奇的作品，如果没有对肖斯塔科维奇的性格、生活进行深入研究，人们将很难感受到在肖斯塔科维奇的音乐中无处不流露着的幽默与智慧，也不会有心潮澎湃、恍然大悟后的愉悦。《钢琴五重奏》亦即如此。在室内乐这种华丽、优雅、高贵的外表下，肖斯塔科维奇能够将如此尖锐的社会现实、复杂的心情都隐含在音乐中，这实在令人惊叹！能够成为经典的作品是伟大的，创作这些伟大作品的人更加伟大！

## 桃李满天下

自 1937 年起，肖斯塔科维奇开始在列宁格勒音乐学院任教。起初，他教学生学习音乐配器法，后来给他们上作曲课。两年之后，肖斯塔科维奇已经获得音乐学院教授的称号，这时他只有 33 岁，是当时整个苏联最年轻的音乐学院教授。关于这个时期的肖斯塔科维奇，我们可以从他的朋友拉宾诺维奇的笔下获得更真实的认知：

> 他不是很高，不过乍看之下好像要更矮、更瘦削，面孔的轮廓分明，一双神经质的手，没有一刻静下来，总有一撮不听使唤的头发垂在额前。虽然他当时已经 30 多岁，仍给人年轻的印象。甚至在那个时候，已经看得出一个有趣的对比：他仁慈的眼睛里有时闪烁着喜悦，有时又流露出顽皮淘气的神情，而这张脸上单薄紧抿的嘴唇却是意志，甚至是倔强的表征。

他的性格是各种极端的奇异综合。他自称热爱生命。他不喜欢独处，在众人相聚时可能是言谈的焦点。然而，他又一直有一些想法暗藏在心中。他神经质的手指经常弹着只有他自己才听得到的旋律。我时常在一旁观察他：他兴奋地对朋友说话，告诉他们昨天音乐会里的事情，或者他谈到最近的一场足球赛更是兴奋地手舞足蹈，有时还从座位上跳起来……如果你直视他牛角大框眼镜后面的眼睛，你会感觉到，其实他的心灵只有一个小小的角落留在这个房间里，其他部分都在很远的地方。

斯维里多夫

在从事音乐教育的过程中，肖斯塔科维奇培养了一大批杰出的作曲家，可谓“桃李满天下”。在众多学生中，最著名的要数斯维里多夫和卡拉耶夫，他们二人都是“列宁国家奖金”的获得者，他们的创作不仅得到了苏联国内的广泛承认，而且赢得了国外音乐界的好评。

卡拉耶夫

斯维里多夫 1915 年生于法捷日城，1936 年至 1941 年在列宁格勒音乐学院学习，师从肖斯塔科维奇。斯维里多夫的创作以声乐作品为主，他革新了康塔塔、清唱剧体裁，并创造出声乐交响诗、多乐章室内声乐、音诗合唱协奏曲等声乐体裁。他的重要作品以诗人为主人公，反映了重大历史转折和人民的生活，如交响诗《纪念谢尔盖·叶赛宁的诗》《热情清唱剧》《呆板的俄罗斯人》《春天康塔塔》

等。他还作有以现代民歌加工而成的管弦乐合唱曲《库尔斯克之歌》、管弦乐曲《小幅三联画》、合唱协奏曲《普希金的桂冠》、大合唱《夜空的云》及浪漫曲、戏剧配乐等。他的音乐把俄国古代仪式歌曲、宗教歌曲和现代革命歌曲、群众歌曲、街头小曲熔于一炉，又以20世纪的创作技法加以丰富，形成了他自己特有的风格。

卡拉耶夫1918年生于巴库，1938年入列宁格勒音乐学院，师从肖斯塔科维奇，学习音乐创作。1946年起在该院从事教学工作，1949年至1953年任该院院长，培养了许多作曲家，形成了自己的学派。卡拉耶夫的创作注重思想内容的深刻性，以争取自由和美好生活的斗争为基本主题，音乐形象富于细致的心理刻画和戏剧性冲突，同时他善于在继承本民族传统的基础上汲取和发展现代音乐技法。他的舞剧《七美人》《雷电的道路》被视为苏联舞剧创作的重大成就，后者还使他获得了“列宁国家奖金”。

此外，师从肖斯塔科维奇的作曲家还有布宁、魏因贝格、哈吉耶夫、加雷宁、叶夫拉霍夫、列维京、季先科、伍斯特沃利斯卡娅、哈恰图良等，其中每一个学生都走上了各自的创作道路，取得了丰硕的成果。

据他的学生回忆，肖斯塔科维奇上课时有自己独特的风格和理念。例如，他总是对学生们提出意见或建议，但是这些建议对年轻的作曲家来说至关重要。他们非常尊重自己的老师，并把他的意见或建议牢记于心。事实上，在他们身上及他们的创作活动中，老师的指导意见变得越来越重要，这大大有助于培养他们的艺术品位，有利于他们锤炼自己的创作原则。

肖斯塔科维奇的作品往往会深深震撼我们的心灵，让人兴奋不已，并且这种兴奋给人以真实可信的感觉，绝无矫揉造作之嫌。这种艺术追求也一直贯穿在他的教学活动中，他的学生列维京在《我们的老师》中是这样回忆的：

> 德米特里·德米特里耶维奇经常给学生们指出外在的表面化的激情与真正的感情力量之间的区别，持久地帮助学生摆脱对外在激情效果的追求，使他们避免出现矫揉造作的、丑陋的以及各种“极度的激情”。
>
> 德米特里·德米特里耶维奇·肖斯塔科维奇一贯努力使学生避免对创作产生虚假的和庸俗的看法，使学生真正理解，对现代性的感觉与音乐节奏、非常敏锐的杂乱、复杂化和“独特性”之间，无论如何也没有丝毫的共同之处。

此外，肖斯塔科维奇十分重视并努力开拓学生的音乐视野，尽力帮助学生掌握更多的音乐文献。当时还没有出现录音机等设备，所以根本不可能利用现代化设备向学生介绍音乐文献，在这种情况下，肖斯塔科维奇不辞辛苦，与自己的助教进行四手联弹，通过这种方式向学生展示音乐作品。他还经常要求学生熟练掌握经典的音乐作品，甚至独立写出曲谱。有一天，他告诉学生："请大家根据自己的记忆，在本教室写出贝多芬的《第五交响曲》第一乐章里的呈现部。"这对学生们来说是一个很大的挑战，以至于有人怀疑老师给错了题目，其中有一个学生站起来问道："您是要求我们写出钢琴缩编谱吗？"肖斯塔科维奇斩钉截铁地说："不！是要求大家写出总谱，我也跟你们一起写。"说完，肖斯塔科维奇立刻拿出一张乐谱纸，跟学生们一起开始默写那段总谱。

俄罗斯发行的纪念邮票

卫国战争开始的那一年，肖斯塔科维奇还不到35岁。尽管按照年龄，他的确属于年轻的作曲家，但以他已经取得的众多音乐成果，足以填充其他白发苍苍的作曲大师奋斗一生都没有填补上的空白。肖斯塔科维奇的音乐创作成就得到了高度评价，他是第一批“苏联国家奖金”获得者，1940年又被授予红星劳动奖章，这是那个年代少有的几位作曲家才能获得的荣誉。是的，肖斯塔科维奇的确作出了很多贡献，并取得了巨大的成就，但是他的创作之路还远没有走完。

# 第5章：烽火年代

## 不屈的列宁格勒

1941年6月22日，肖斯塔科维奇正准备去看足球赛，广播里突然播出一条消息：战争爆发了。从那一刻起，作曲家只有一个念头——竭尽全力，为战胜敌人并取得胜利而奋斗。1941年7月5日，他在《列宁格勒真理报》上刊登的一篇文章中这样说道：

在战争爆发之前，我只知道在和平环境中从事创作，如今我随时准备拿起武器！我深知，法西斯主义的目的一旦得逞，那就意味着文化末日的到来，意味着人类文明将走向死亡，但是历史经验证明，法西斯主义是不得人心的，它注定是失败的。同时，我还懂得，要把全人类从死亡线上解救出来，只能与敌人进行殊死的战斗。

这不仅是几句无关紧要的空话，事实上，在战争爆发的那一天，肖斯塔科维奇就主动申请加入苏联红军，加入抗击侵略者的行列。不过，上级并没有批准他的请求。后来，肖斯塔科维奇参加了民兵组织，与列宁格勒音乐学院的师生一起，到城外修建防御工事。他还参加了消防队，坚持在音乐学院的楼顶上站岗放哨。1941 年 7 月 29 日拍摄的两张照片记录了作曲家当时的生活。一张是他在站岗时身穿消防队员服装、头戴防火头盔的样子，这张照片不仅传遍整个苏联，而且还传到了国外，甚至当他成为美国《时代》杂志的封面人物时，使用的就是这张照片；另一张展现了他正在喷水灭火的场面。

仅仅从照片中，我们很难将瘦弱而单薄的身影与不屈不挠、坚强的内心联系起来。苏联作家米哈伊尔·左琴科在战争爆发后偶然遇到肖斯塔科维奇时，就感到非常惊讶，“原来他平时给人们的软弱无力的印象带有极大的欺骗性，原来在他细腻的面部表情背后，潜藏着勇敢、有力、顽强和坚定的意志”。苏联女作家奥利加·别尔戈利茨也讲述办

《时代》封面

了一些遇到肖斯塔科维奇时的情景。她首先讲述了《第七交响曲》《列宁格勒交响曲》在莫斯科举首演的热烈场面，以及作曲家应邀多次登台谢幕的情景，她说：“前来聆听《列宁格勒交响曲》的听众纷纷从座位上站了起来，并为作曲家、列宁格勒之子及其捍卫者热烈鼓掌。而我看着身材瘦弱、带着一副大近视镜的他，心想‘原来此人比希特勒要强大得多’。”

从上述两位文学家的描述中，我们鲜明地感受到肖斯塔科维奇内在与外在不统一的形象，他的外观是瘦弱而单薄的，而他的心中却始终燃烧着一种不屈不挠的精神力量之火，在战争年代，他的这种精神全部表现了出来。

1941 年 9 月，列宁格勒被德军彻底封锁了，除了天上飞机的轰炸之外，还有地上大炮的轰击。仅仅在 9 月，德军就向列宁格勒投下了 331 颗爆破炸弹和 31398 颗燃烧弹，大炮轰击了 5364 次，整个列宁格勒陷入了一片火海，正如吉洪诺夫的壮美诗歌描写的那样：

灯火管制下的座座大楼，
犹如预示着不祥的噩梦。
列宁格勒铁灰色的夜晚，
到处是戒严带来的寂静。

但寂静骤然被战斗代替，
警报号召人们英勇上阵。
炮弹在涅瓦河上空呼啸，
座座桥梁都被烈火吞噬。

能够在列宁格勒大封锁期间生存下来，这本身就是一种功绩，但是列宁格勒的人民不仅在为了生存下来而斗争，他们还在一直坚持抗击侵略军，他们是在为争取胜利而奋斗，为在极为艰苦的条件下保持人的尊严而奋斗。这种斗争不可能不在肖斯塔科维奇的心中引起反响。在战争年代，肖斯塔科维奇并没有放弃自己的音乐创作，而是把音乐当作一种武器，激励人民与法西斯战斗到底。他在列宁格勒音乐出版社任职，与演员切尔索夫一起，组织并指导着一个民兵剧院。同时，像其他作曲家一样，肖斯塔科维奇谱写了一批军歌和民歌，他创作的歌曲《向人民委员会宣誓》得到了广泛的传播。

像过去一样，他的音乐创作依然是多种多样的。9 月初，列宁格勒的作曲家协会会员共有八十多人，肖斯塔科维奇担任作曲家协会主席。协会每周都要审查一批新创作的战争歌曲，并对它们展开讨论。9 月 8 日，协会通过了一批在战争初期谱写的歌曲，其中就包括肖斯塔科维奇的

苏联卫国战争中著名的宣传画《祖国母亲在召唤》

《向人民委员会宣誓》。9 月 14 日，肖斯塔科维奇参加了一场音乐会，那场音乐会所得的一万卢布全部捐给了苏联国防基金会。在那场音乐会上，肖斯塔科维奇演奏了自己创作的《二十四首前奏曲》。

## 擂响战鼓

1941 年 9 月 16 日，肖斯塔科维奇在列宁格勒广播电台发表讲话。那天早晨，在列宁格勒广播电台工作的作家格奥尔吉·马科葛年科开车来接他，虽然是早晨，可肖斯塔科维奇早已在伏案工作了，他说："立刻动身，马上出发……我们这就走。"在车里，他翻开了当天的《列宁格勒真理报》，首先映入眼帘的是那篇极为醒目的进步文章《敌人已逼近家门》，文章说："我们的城市正面临着残暴而凶恶的敌人入侵的威胁，列宁格勒已成为前线……敌人的如意算盘是这样的：他们想使列宁格勒劳动人民惊慌失措，使人民丧失自制力、丧失精神，从而导致伟大城市的防线瓦解崩溃。但是敌人的算盘打错了！”

正当肖斯塔科维奇在广播电台发表讲话时，突然响起了防空警报，城市里炮火轰鸣，一颗颗炸弹在城市上空爆炸。作曲家在广播中镇定地说：“一个小时之前，我写完了新的大型交响曲第二乐章的总谱，如果我能够把这部作品写完，如果我能按计划完成其中的第三和第四乐章，那么，这部作品就可以叫作《第七交响曲》。苏联音乐家，我敬爱的同行们和众多的战友们、朋友们！请大家牢记，我们的艺术正面临着巨大的危险，我们必须捍卫我们的音乐，我们必须坚持诚实而顽强地工作……我们工作的效率越高，我们的艺术质量就越高，就越能为我们的艺术增强自信：无论是在任何情况下，任何人都不可能摧毁我们的艺术……我谨以列宁格勒人民、文化和艺术工作者的名义向大家保证，我们是不可战胜的，我们将永远坚守自己的战斗岗位。”

当时，肖斯塔科维奇居住在列宁格勒科罗霍多夫大街。一天晚上，他的家中聚集了几位作曲家，有波波夫、科丘罗夫，还有作曲家兼音乐评论家波戈丹诺夫·别列佐夫斯基。他们来找肖斯塔科维奇是为了聆听他已完成的新创作的交响曲的前两个乐章。

波戈丹诺夫·别列佐夫斯基回忆说，肖斯塔科维奇在演奏时充满了热情，但多少有点神经紧张。正在这时，空袭警报突然响了，肖斯塔科维奇先把妻子和孩子们送进防空洞，然后又继续演奏他新创作的交响曲。外面的大炮轰鸣声不断，飞机吼叫着在屋顶上空掠过，肖斯塔科维奇依然在演奏，几位作曲家也屏住呼吸仔细聆听。他演奏了前两个乐章和第三个乐章的草稿，还向大家讲述了对终曲的构思。后来几位作曲家回忆说，肖斯塔科维奇那次演奏的几个乐章，给他们每个人都留下了极为深刻的印象，他对战争事件的“敏感而迅速”的反应和极高的音乐艺术水平，无不使大家惊叹不已。波戈丹诺夫·别列佐夫斯基曾在自己的日记中这样写道：“从内容和曲式上看，《第七交响曲》是一部具有革新意识的作品，特别是第一乐章，其革新特点尤为鲜明。”

肖斯塔科维奇本不想离开自己的城市，但是他必须服从上级领导的决定。1941 年 10 月初，他与家人一起登上了疏散去往外地的飞机，临时居住在古比雪夫市。与前一段时间一样，肖斯塔科维奇仍然敏感地体验着与战争有关的一切。他回忆起前不久刚刚在列宁格勒郊区战役中牺牲的一个学生——弗莱施曼，这个学生曾根据契诃夫的作品改编了一部歌剧《洛希尔的小提琴》。战争结束之后，在肖斯塔科维奇的鼎力相助下，这个学生的这部歌剧与观众见面了，并且由广播电台对外播放。肖斯塔科维奇说："弗莱施曼生前是一个谦虚而朴实的人，他的死又表明了他的英雄气概，所以我的新交响曲正是为这样的人而专门谱写的。"

1941 年 12 月，肖斯塔科维奇完成了《第七交响曲》的创作。1942 年 3 月 5 日，该曲的首场演出在古比雪夫市举行，演奏这首新作的是当时被疏散到那里的莫斯科大剧院交响乐团，担任指挥的是萨默苏德。同年 3 月 29 日，《第七交响曲》首次与莫斯科听众见面。在莫斯科首演的那天，《真理报》发表了肖斯塔科维奇的一篇文章，文章说："我把自己的《第七交响曲》献给我国反法西斯的斗争和参与斗争的人民，献给我们即将取得的胜利和我的故乡——列宁格勒。"演奏这部作品的是莫斯科大剧院乐团与全苏广播乐团合成的大型乐队，指挥仍然是萨默苏德。在莫斯科音乐会正在进行期间，突然响起了防空警报，但是没有一个人躲进防空洞。

在古比雪夫和莫斯科的两场演出引起了全苏联音乐界

和国际音乐界的关注。当然，被围困的列宁格勒捍卫者也想尽快听到这首交响曲，一首专门献给他们的故乡城市的交响曲，但当时由于唯一留守列宁格勒的交响乐团已经被迫停止自己的演出活动。像其他所有的列宁格勒居民一样，乐手们常常挨饿受冻，身体每况愈下。到 1941 年 12 月初，列宁格勒的城市交通已经停止运行，严寒达到零下 35 摄氏度，供暖设备已被破坏，全城停水停电，有些乐手被饿死，还有的乐手身患重病。就是在这样严峻的情况下，乐团最终还是组建起来了。1942 年 8 月 9 日，当希特勒指挥的德国军队计划攻克列宁格勒时，《第七交响曲》第一次响彻在列宁格勒的城市上空。演出时，列宁格勒爱乐乐团音乐厅内座无虚席，没有座位的观众干脆一直站着聆听这部作品。广播电台还直播了那场音乐会的盛况，播音员激动地说道："《第七交响曲》能够在被封锁的列宁格勒演奏，这个事实本身就是列宁格勒人无法遏止的爱国主义精神及其勇敢顽强精神的证明，是列宁格勒人必胜的信心，准备与敌人决一死战和取得最后胜利的决心的证明。"肖斯塔科维奇的音乐震撼了所有的听众，许多人眼里充满了泪水，人们称之为"无坚不摧的勇敢精神交响曲"。在此之后，在苏联海军之家，乐团专门为水兵、军官和高级指挥官再

列宁格勒保卫战纪念雕塑

次演奏了《第七交响曲》。整个 8 月份，《第七交响曲》在列宁格勒共演奏了六次。凭借《第七交响曲》，肖斯塔科维奇在 1942 年再次获得“苏联国家奖金”，同时还获得了“俄罗斯联邦功勋艺术活动家”的称号。

尽管战争的硝烟早已散去，但《第七交响曲》却依然具有强大的生命力，经常在世界上许多国家的音乐厅中演奏，其中的许多精美片段多次被用于纪录影片和故事影片中，广播电台和电视台也经常播放这首交响曲的片段。肖斯塔科维奇本人曾在影片《攻克柏林》中使用“敌人入侵”那段插曲，有些歌舞剧作家还把《第七交响曲》改编成了歌舞剧。

1972 年，列宁格勒隆重地举行了《第七交响曲》首演三十周年纪念活动。肖斯塔科维奇在自己的致辞中这样写道：“亲爱的朋友们：今天与三十年前一样，我的心一直和大家在一起……令我感到幸福和自豪的是，由于大家的勇敢精神，才得以举办专门献给伟大城市的《第七交响曲》的那场难以忘怀的演出，才使这部交响曲成为列宁格勒人不可战胜的真实象征，成为苏联人民顽强精神的有力证明。那场首演的某些参与者已经牺牲，在此愿与大家一道缅怀他们，并与今天的与会者共同纪念这个日子，同时向你们致以亲切的问候和美好的祝愿。”

《第七交响曲》CD 封面

《第八交响曲》CD 封面

## 《第八交响曲》

1943 年夏天，肖斯塔科维奇在当时刚刚成立的创作之家“伊万诺沃”继续自己的工作。在为苏联作曲家协会开辟的地段中，占据中心位置的是一座砖石结构的房子，房子对面是一块台地，沿着台地的阶梯下去可以走进一个花园，穿过一片古老的椴木林，便是一个美丽的池塘；而在房子的后面，在一条乡间小路旁，有一座小木屋。1943 年，肖斯塔科维奇就在这个小木屋住过，也就是在这个小木屋里他谱写了《第八交响曲》。当时每逢工作间隙，他都走出小木屋，到户外呼吸新鲜空气，眺望一下广袤无垠的田野和三面环绕的森林。那是俄罗斯中部地区常有的秀丽风光，这种大自然的美景始终充满诱人的魅力。

在战争年代，继肖斯塔科维奇完成《第七交响曲》之后，《第八交响曲》犹如高山峻岭的顶峰，超过了战争年代的所有作品，它是肖斯塔科维奇创作的最具悲剧色彩的作品。1943 年 11 月4 日，苏联国家交响乐团首次在莫斯科演奏了《第八交响曲》，担任乐队指挥的是穆拉温斯基，而这部作品就是专门为他而作的。1944 年 4 月 2 日，美国指挥家罗津斯基指挥了《第八交响曲》在纽约的首演，美国的 134 家广播电台和拉丁美洲的 99 家电视台同时直播了首演盛况。除此之外，加拿大和夏威夷转播了这场音乐会，意大利和阿尔及尔等国的多家广播电台重播了纽约的首演。同年 5 月，墨西哥指挥家查韦斯指挥了《第八交响曲》在墨西哥的首演；同年 7 月，英国指挥家亨利爵士在伦敦指挥了该曲的首演，然后该曲的演奏者分别与巴黎、维也纳、布达佩斯、布拉格、布鲁塞尔、阿姆斯特丹等地的听众见了面。1945 年，当美国为其第 32 届总统罗斯福举行国葬之时，也演奏了肖斯塔科维奇《第八交响曲》的第一乐章。

在“1947 年布拉格之春”国家音乐节上，《第八交响曲》给听众留下了深刻而难忘的印象。“人类刚刚度过残酷时代的庄严史诗——肖斯塔科维奇的《第八交响曲》使听众颇为震撼。这部交响曲的音乐具有特殊的磁力，在音乐厅里营造出一种难以言状的气氛。演出结束后，听众向该曲的作者和指挥报以长达30分钟的欢呼和热烈的掌声。”一位听众在给穆拉温斯基的信中写道：“我本人在以前就听说过苏联红军英雄的故事和苏联文学作品中的勇士形象，但是今天我才真正理解了什么是苏联音乐中的勇士形象！我很早以前就熟悉了柴可夫斯基、鲍罗廷、斯美塔那等作曲家的音乐，但是像肖斯塔科维奇的《第八交响曲》那样使人感到震撼的音乐作品，我从未听到过。”

其他作曲家和音乐评论家对《第八交响曲》的评价可谓“仁者见仁，智者见智”，而且很难看到他们像对《第七交响曲》那样的热情。《第八交响曲》在音乐界引起了激烈的争论，但是那些争论经常超出了对该作品的评价范围，他们所争论的实际上是关于作曲家全部创作的方向和目的性的问题，其中有这样一种意见：肖斯塔科维奇更多地运用了“西欧的表现形式”，正因为如此，他的音乐创作才能在西方获得巨大成功。1944年，苏联作曲家季莫菲耶夫则确立了另一种观点：肖斯塔科维奇是一个具有牢固民族性的俄罗斯艺术家，他的交响音乐作品是对俄罗斯艺术中典型的伦理学问题的进一步深入研究。而如今，人们已经把《第八交响曲》看作是20世纪的最佳杰作之一，这才是公正的观点。

《第八交响曲》由五个乐章组成，后三个乐章连续演奏，从而构成一部套曲中的套曲。按照肖斯塔科维奇平时的创作习惯，第一乐章以奏鸣曲式谱写，但不是以快速度，而是用慢速度谱写的。从形式上看，第二乐章和第三乐章由两首谐谑曲组成，这是肖斯塔科维奇典型的和固有的创作特征。然后是一个慢板乐章和用奏鸣曲式谱写的不太快的终曲，其中的基本音乐形象都带有田园诗的特点。在这部作品里，有两种基本的戏剧冲突，其一是战争给人带来的无限深重的痛苦，其二则是对这种痛苦负有责任的那些人的可怕的形象。

第一乐章类似于一部交响诗篇，它的突出特点是音乐发展宏大规模和包罗万象的内容，它包含了两种基本的戏剧冲突，即这个乐章的音乐时而在歌唱，时而在呻吟。下面这首由谢尔文斯基发表于1942年的诗歌可以当作第一乐章的题词，甚至可以作为《第八交响曲》全曲的题词：

快去吧！去抨击吧！你已经站在大屠杀的前沿。
你已经抓住了他们的双手——揭穿他们吧！
你已经看到，刽子手正在用穿甲弹
将我们击碎。
你要像但丁和奥维德那样去呐喊，

让大自然自己去痛苦号啕吧——

如果

你本人

已看到

这一切

如果你的理智尚未失常。

《第八交响曲》的呈现部十分引人注目，它将悲剧性与深刻的抒情性结合在一起，特别是开头弦乐组二重奏的对话，犹如向人民发出的号召：请大家听我说！这是一段每个人都应该听到的，是所有人都为之震动的音乐。然后在均匀的节奏背景中，小提琴演奏出轻柔而悲痛的旋律。为了再现另一种凶狠的“黑暗势力”的形象，肖斯塔科维奇对呈现部的形象重新进行了深刻的思考，展开部是一个使原来的主题和节奏逐渐“失去人性”的过程，弦乐器奏出的痛苦而充满激情的歌曲则打破了一场强硬的节奏。这种节奏的进行好像是一颗心在战战兢兢地跳动，而在展开部里，我们仿佛听到了铁锤敲打铁砧的声音、皮鞭的抽打声，此时的旋律表达着人类最崇高的感情，而在配器法的其他要素中，越来越明显地体现出敌对势力的形象特点。此时的旋律已经具有了新的含义和出人意料的思想，仿佛让听众看到一个已经变得奇丑无比但仍熟悉的面孔。

聆听这个乐章并不是一件轻松的事，它的篇幅很大，音乐进行得缓慢，在所有的405个小节中，只有88个小节是快速演奏的。由于各种不同的复调旋律线、和声层次地相互结合，从而产生了展开部痛苦而紧张的不协和音，这对某些听众来说是很难接受的。这是一个很容易引起争议的问题，但是现在，在《第八交响曲》诞生许多年以后，我们不得不承认，其中的第一乐章是产生于充满战争和暴风雨时代的崇高艺术的杰出典范。

在后面的几个乐章里，交响套曲的戏剧发展路线被划分出明显的界限，整个第二乐章和第三乐章全部描写敌人阵营的场面，音乐长时间地转入所有的人性都被遗忘的地方，肖斯塔科维奇在此借助新的主题再现了敌人的形象。第二乐章是一段描写厚颜无耻的、傲慢的和怪诞的进行曲，还带有几个表现酗酒和狂欢的插曲，这是肆无忌惮的侵略者的游行场面。当他们进入已被他们占领的土地之后，他们便开始实施魔鬼般的残暴屠杀，成千上万的无辜百姓倒在他们的屠刀下。

与《第七交响曲》中“敌人入侵”的插曲一样，《第八交响曲》的第三乐章描写的“毁灭机器”同样是令人恐怖的。在这里，肖斯塔科维奇运用的是托卡塔式的自动的和“发条式”的节奏，中提琴奏出的连续不断的音符，仿佛是为了让人们牢记这一有意制作的一般化音调，记住这种类似于基本练习的音调。通过这种方式，作曲家展现了法西斯主义的残忍和暴力。接下来，当长号介入后，听众可以特别清楚地听到某种庞然大物式的机器运转的节奏。整个第三乐章都表现了肖斯塔科维奇最大胆的和最令人折服的创新能力。中间乐段既像是快速的进行曲，又像是某种狂热的舞曲，既有描写战争的场面，又具有神秘的幻想色彩，这是《第八交响曲》给人印象最深刻的插曲之一。如果用语言来表达这层意思的话，可以称它为“踏着尸体游行”或“死亡之舞”。作曲家再次用了一些似乎是一般化的音乐素材，但这种创作手法的实质恰好在于，虽然普通的和一般的因素往往会造成可怕的印象，但法西斯主义的“日常生活”实际上就是一些骇人听闻的罪恶行径。

第四乐章使我们回归了人类形象和人的感情，其中的悲痛音乐听起来既像是一段葬礼悼词，又像是对成为战争牺牲品的人们的追忆。这是一段帕萨卡里亚舞曲，用定音演奏的崇高的史诗性主题出现了12遍。这一乐章被看作是一个巨大的和内在不可分割的音乐层，而这种不可分割是由各种不同的音色加以强调的，弦乐音色一直持续了很长时间，然后是长笛和单簧管分别把自身细腻而清脆的花饰编织在帕萨卡里亚舞曲之中。在此之后，音乐的色彩逐渐明亮起来，终曲奏响了。平静的田野风光取代了预示着不祥的暴风雨。带有心中的热情、爱抚和安慰的音乐再次响起，新的生命开始在遭受战争摧残、洒满鲜血的和被烧焦的土地上吐出嫩芽。关于这一乐章，肖斯塔科维奇表示，他“尝试瞻望未来，瞻望战后的年代。邪恶而丑陋的一切将会消失，美丽的事物将获得胜利。”

与《第七交响曲》相比，《第八交响曲》没有那么英姿焕发，它反映的是“战争的可怜和恐怖”，是发人深省的劝解。不过，二者都具有极为典型的音乐讽刺形象，它们充分揭示并再现了法西斯主义和侵略行为的实质。在这种情况下，生活的真理既没有脱离怪诞性，也不乏特殊的情调和充满幻想的色彩，这种特殊的色彩和情调与夸张的表现手法结合起来，不由得使人联想起西班牙画家戈雅，联想起肖斯塔科维奇非常喜欢的俄罗斯作家果戈理。肖斯塔科维奇音乐中所塑造的那充满幻想的形象具有一定的现实意义，因为在这些形象中，再现了现世中的恶势力，表现了恶势力通过残酷无情的摧残与压迫以达到杀害人民的事实。

中年的肖斯塔科维奇

# 第6章　困境与突破

## 战后创作

1945 年 5 月 9 日，亿万苏联人民盼望已久的日子终于到来了，伟大的卫国战争最终取得了胜利。五彩缤纷的焰火和隆重的庆祝之后，战后恢复家园的艰难日子又来临了，所有人都没有喘息的机会，全苏人民都在不遗余力地劳动。肖斯塔科维奇也参加了这项工作，而且他命中注定会再活三十年，在这期间他一共谱写了 77 部作品，他以孜孜不倦的创作活动填充了自己最后的三十个年头。

伟大的卫国战争结束之后，苏联作曲家面临着一系列新任务，但是这并不意味着战争题材已经失去了意义，它们在肖斯塔科维奇的创作中同样得到进一步发展。他为音乐剧《胜利之春》谱写了《灯笼之歌》《摇篮曲》《胜利的人民之赞歌》。其中根据苏联诗人和戏剧家斯维特洛夫的诗歌创作的歌曲《灯笼之歌》，得到了广泛的流传。这是一首关于已经成为过去的艰难历程的歌曲，歌曲的抒情性很强，特点极为鲜明，它犹如信号灯的光芒，出现在战争取得胜利之后，或者战争胜利的前夕。这首歌曲与1941年至1943年间肖斯塔科维奇创作的严酷的战争歌曲不同，战争年代创作的歌曲旋律中的“咬紧牙关”“步伐坚定”“不惜任何代价坚持到底”等因素被取而代之为温和而纯真的微笑，这种微笑是因为回忆好朋友——夜间的信号灯——提着灯笼的那位姑娘的手而引起的。

1945年8月，肖斯塔科维奇完成了《第九交响曲》，他首先与钢琴家李赫特在苏联作曲家协会音乐厅演奏了这部作品。11月3日和20日，又分别在列宁格勒和莫斯科进行了首场演出。和他的前八部交响曲一样，《第九交响曲》也在音乐界和社会上引起了争论。但是《第九交响曲》毕竟有其无可非议的优点和成功之处，音乐有闪光点、俏皮性，有时带有怪诞色彩以及引人入胜的幽默、温柔的忧郁、光明与突如其来的黑暗势力之间的勇敢对比等。为了努力摆脱与战争有关的压抑的悲伤感，作曲家故意暂时把注意力集中到快乐的、引人发笑的情感和抒情上，不过他已经不再写从头到尾都是充满光明和平静的多乐章作品了。从整体上看，《第九交响曲》并不是一部悲剧作品。然而即使是这样，肖斯塔科维奇依然通过这部作品来纪念在战争中丧生的同胞。

肖斯塔科维奇接下来的一部交响乐作品是《第一号小提琴协奏曲》，这部作品是作曲家在 1947 年谱写的。其实，我们完全可以把《第一号小提琴协奏曲》叫作《为小提琴与乐队而作的交响曲》。在这部协奏曲中，丰富而复杂的交响乐发展主线与非常丰富且超凡的作曲技艺融为一体，作曲家充分运用了小提琴本身的技术特点，强化了音乐思想的表现力，突出了各种音乐形象的独特性及其个性特点。《第一号小提琴协奏曲》的终乐章展示了新型超凡的作曲技术典范，担任独奏的小提琴手以自己的技术手段鲜明地体现了乐曲饱满、圆润和辉煌的特色。

1947 年，肖斯塔科维奇还创作了《祖国史诗》，这是他专门为独唱演员、合唱团与乐队而作的。在《祖国史诗》中，肖斯塔科维奇试图描述苏联国家历史上最重要的几个发展阶段，其中包括 1917 年的十月革命、20 年代的国内战争和伟大的卫国战争结束之后等。作曲家试图运用大家熟悉的歌曲旋律，来解决描写重要历史时期的问题。肖斯塔科维奇把过去一些歌曲加入《祖国史诗》之中，那些歌曲包括：革命歌曲《同志们，步调一致，勇敢向前》、描写国内战争的歌曲《沿着山谷和小丘》、他自己创作的歌曲《来人之歌》、亚历山德罗夫的歌曲《神圣的战争》、穆拉德里的歌曲《勇士的事业》和杜那耶夫斯基的歌曲《祖国之歌》。所有这些歌曲的旋律都以乐队演奏的形式出现。肖斯塔科维奇最喜爱的小号主题在《祖国史诗》中占有顶峰位置，先后以这个主题结束的有《第三交响曲》《五一交响曲》和组曲《金山》。尽管《祖国史诗》的音乐语言具体简洁、色彩鲜艳，精彩的歌曲旋律更是具有很大的吸引力，但是这部作品并没有使听众感到满意，因为《祖国史诗》缺乏作者最重要的音乐特质——交响性、丰富的交响戏剧性，这使全曲听起来好像是一首幻想曲，又好像是一首建立在许多熟悉主题基础上的混合曲。随便哪一个不知名的作曲家都可以作出这种水平的音乐作品，而听众一直期待的是：肖斯塔科维奇应该解决更加深刻的音乐创作问题。

## 政治困境

说到肖斯塔科维奇的音乐之路，我们不能不提到日丹诺夫。日丹诺夫受过高等教育，性格冷酷，他曾在纳粹围困列宁格勒期间负责军事防卫事宜，是斯大林的手下爱将和最信任的助手。苏联卫国战争之后，日丹诺夫担任文化部长，负责执行斯大林的文化整肃。他在对付了文学、戏剧和电影之后，便把矛盾转向了音乐。1947 年是十月革命胜利三十周年，而作曲家们此时似乎不够重视他们对国家的责任。肖斯塔科维奇提供的作品充其量不过是把其他作曲家的旋律混合在一起的集锦而已，普罗科菲耶夫写了一首节庆篇和康塔塔《兴盛吧，伟大的国家》，而哈恰图良献上的是一首写给交响乐团的“交响诗篇”。这使得这三位当时苏联音乐界的代表人物成为日丹诺夫现成的箭靶，整肃音乐界的时机到了。

普罗科菲耶夫、肖斯塔科维奇和哈恰图良

早在卫国战争前，肖斯塔科维奇就尝到了日丹诺夫给他的苦头，他仿佛对肖斯塔科维奇怀有“特别的敌意”。因为这位作曲家太含蓄、太精致，难以融入1948年的莫斯科。肖斯塔科维奇完全是俄罗斯的、完全是苏联的，他自始至终生活在苏维埃体系下，而且几乎没有出过国门，这使得他的处境更为恶劣。而且日丹诺夫有种感觉，肖斯塔科维奇虽然是地道的俄罗斯人，却也是典型的列宁格勒的产物。列宁格勒虽然是日丹诺夫从德军手中救回来的城市，但他始终怀疑它骨子里太过独立、太过反叛。

后来一位二流作曲家穆拉德里的作品为日丹诺夫对音乐界现状的攻击提供了借口。这位倒霉的作曲家写了一部歌剧想讨好斯大林的故乡格鲁吉亚，但其中歌颂的一位战前的人民委员，后来死于斯大林的整肃运动。1947年，斯大林看了这部歌剧之后，它的命运便和肖斯塔科维奇的《姆钦斯克县的麦克佩斯夫人》一样，没有得到官方的认可。1948年1月，日丹诺夫主持了三天的作曲家会议，他以这一事件作为开场白：

> 中央委员会最近参加了穆拉德里的新歌剧《伟大的友谊》的试演。各位可以想象，连续十年没有任何新的苏维埃歌剧推出，我们对这部新的歌剧寄予了热

望。很可惜，我们的期望落空了。这部歌剧并不成功。何以如此呢？第一点是关于它的音乐部分。它没有一段旋律能让人记得住。音乐并没有“深印”在听者的脑中。观众约有500人，算是相当庞大而有水准的，但是并未对这部歌剧里的任何一段有所回应……让人感到沮丧的是和声的缺乏、角色情感在音乐上的表现不够，因此很多乐段听来不和谐……管弦乐团表现手法拙劣。大部分时间只用了几件乐器，而整个乐团在出人意料的地方却突然乐声大作。在抒情的乐段里，突然爆发出鼓声，而英气勃发的乐段居然伴以悲痛哀伤的音乐。虽然这部歌剧讲的是北高加索地区诸民族的故事和苏维埃政权在该地区建立的一段历史，但音乐却迥然不同于那些民族的音乐……如果中央委员会不应该为现实主义与我们的古典传统辩护，那么请直说……作曲家协会及其组织委员会里有些什么形式的政府？这个政府形态是民主的吗？它以建设性的讨论、批评与自我批评为基础吗？还是像一个寡头政权，一切都由一小撮作曲家及其忠实的侍从——我指的是阿谀奉承的乐迷——来统治，而这些与真正的建设性的讨论、批评与自我批评相差甚远。

三天的讨论就这么开展起来，同道的作曲家被迫互相残杀。以肖斯塔科维奇与普罗科菲耶夫为首的一小群“精英”作曲家将成为待宰的羔羊。等到穆拉德里在一篇事先准备好的演说中表示要悔过之后，音乐家便根据各自分配的时间上台说话。有些人巴不得狠咬官方贬斥的受害者，有些人采取观望态度，其他人则顾左右而言他，只有少数人的演讲还保有尊严、沉思和分寸。在会议的最后，肖斯塔科维奇为自己，也为所有严肃而负责的作曲家发言，批评穆拉德里“过度地将自己的失败怪罪于别人和外在的环境”。他表示“每一位作曲家最重要的是为自己的作品与失败负责”，之后他称赞了苏维埃音乐正迈向宽广的路途。他的最后一番话谦虚、真挚、尽职而恭敬，并没有透露出他个人的感受，却流露出一丝悲伤。套用一句传统俄罗斯谚语来说，即他现在已经学会“以亲吻来表达唾弃”：

> 在我的作品里，我失败过很多次，但是在我的创作生涯中，始终以民族、我的听众以及那些养育我的人为对象。大众应该接受我的音乐，这是我努力不懈的事。我向来虚心接受批评，时时试着更加努力，以求百尺竿头更进一步。此刻，我聆听批评，此后也会继续听下去，更会接受批评的建议……我认为，这三

天的讨论将有极大的价值，尤其是如果我们仔细研读日丹诺夫通知的演说。我和其他人一样，都希望能够取得他这次演说的稿子。详尽研读这份杰出的文稿将会为我们的工作带来无比的助益。

在那次大会上，第一次提出了苏联作曲家创作中的“形式主义倾向”，并点名指出了这种倾向的代表，而这份形式主义名单上的第一位就是肖斯塔科维奇。1948 年 2 月 10 日，针对苏联音乐创作的基本思路与美学问题，苏共中央发表了《关于穆拉德里的歌剧〈伟大的友谊〉的决议》。《决议》强调指出，苏联音乐的发展之路，就是社会主义现实主义之路，并向苏联作曲家发出号召，希望他们“保持强大的创作热情，保持迅速推动苏联音乐艺术发展的高度热情，保持有助于各个音乐领域创作出完美的、高质量的和适合于苏联民众的艺术作品的高度热情。”在肖斯塔科维奇的作品中，被归入形式主义作品的有第六、第八和第九交响曲，这三部交响曲遭到了长期禁演。除此之外，他的其他几部作品，甚至包括《第七交响曲》也统统变成了被审查的对象。具有讽刺意味的是，肖斯塔科维奇在自己的国家虽然被斥为“形式主义者”与“堕落的中产阶级”，但他却是举世公认的苏维埃天才。在西方世界人们的眼中，他是个谜一样的人物。

俄罗斯发行的肖斯塔科维奇纪念邮资封

## 和平的捍卫者

在受到批判后的若干年中，肖斯塔科维奇做了大量社会工作。作为《列宁格勒交响曲》的作者，他无论是在音乐创作上，还是在社会活动中，都已经成为了一名为和平而奋斗的最积极的勇士。自 1949 年起，肖斯塔科维奇已经是苏联保卫世界和平委员会的成员。1949 年 3 月 20 日早晨，一架飞机从莫斯科机场起飞，乘坐这次航班的有苏联作家法捷耶夫和帕夫连科、苏联电影导演格拉西莫夫和恰乌列里利、作曲家肖斯塔科维奇、苏联科学院院士奥帕林，他们此行的目的地是美国纽约，去参加国际和平爱好者会议暨全美科学与文化活动家国际会议。不过，在到达美国之前，他们在德国柏林逗留了三天，为的是等候从那里飞往美国的飞机。

1927 年，年轻的肖斯塔科维奇曾经到过柏林。那时，他是与钢琴家奥博林一起光临这座城市的，而今他已经辨认不出他曾经熟悉的街道和广场，这里已经是一片废墟。在柏林机场候机厅里，在法兰克福转机时，在纽约机场，肖斯塔科维奇先后忍受了美国记者的猛攻。当他从美国返回祖国之后回忆说，有一个记者走到他身边，突然拍拍他的肩膀说："您好，肖斯提！"并向他提出了奇怪的问题，"您喜欢的是金发女郎，还是黑发女郎？"这令肖斯塔科维奇十分反感。

在纽约，肖斯塔科维奇听了一场交响音乐会和一场四重奏晚会。但是，对于肖斯塔科维奇来说，那次美国之行最重要的是参加国际和平会议。3 月 25 日，会议在纽约"瓦尔多夫－阿斯托利亚"宾馆正式开幕。参加这次国际会议的有来自美国 22 个洲的 2823 名代表，应邀参加的有来自苏联、波兰、捷克斯洛伐克、英国和古巴等国家的代表团。肖斯塔科维奇在音乐、诗歌、绘画和舞蹈分会上发言。与会者仔细地、带着浓厚的兴趣聆听了他的讲话，并不时地报以掌声。肖斯塔科维奇在发言时说，在希腊、巴基斯坦、越南、印度尼西亚、马达加斯加等地，战火依然在熊熊燃烧，帝国主义者正在策划新的世界大战。艺术工作者应该为“争取和平、真理、人性和世界人民的未来而奋斗，他们应该通过自己的创作活动，积极投身于这一斗争之中”。

在那次国际和平会议上，肖斯塔科维奇还向与会者讲述了苏联音乐的发展概况及其辉煌成就。他在谈到苏联音乐的多民族性的同时，也给予那些狂妄的种族主义者有力的回击，雄辩地驳斥了他们对“落后民族”的欺凌，反对宣扬一个民族凌驾于其他民族之上的理论。会议结束时，在麦迪逊花园广场举行了盛大的集会，集会者达到了30000人。人们再次唱起了《来人之歌》，他们一边唱着歌，一边向苏联代表团致意。那次集会持续了6个小时，当肖斯塔科维奇应组织方邀请在集会上演奏自己的《第五交响曲》第二乐章时，已经是深夜1点30分。他的演奏受到广大听众的热烈欢迎，此次国际会议也以他的演奏而落幕。美国音乐活动家还邀请肖斯塔科维奇趁此机会在美国举办音乐巡演，但是美国国务院以“非常适度的形式”，建议苏联代表团迅速离开美国。在回到祖国之后，虽然身体极度疲惫，但这次美国之行给他留下了深刻而丰富的印象。

1950年，肖斯塔科维奇再次以代表团成员的身份，参加了第二届国际和平会议。原定这次会议在英国的设菲尔德市召开。可是，英国首相艾德礼领导的工党政府因受到美国右翼势力的影响，竟然拒绝为许多国家的代表团办理入境签证。最终，组委会克服了巨大的困难，把会议地点改为华沙，并迅速设法使来自八十多个国家的代表团出席了会议。肖斯塔科维奇参加了这次会议的经济与文化交流委员会的工作。他在发言中说：“真正的文化永远服务于和平事业，所以其他民族了解并认识另一个民族的文化，自然会降低战争的潜在危险，提高和平的安全系数……一个人读的各个国家出版的书籍越多，他听的交响曲越多，看到的油画和影片越多，他就会越清晰地认识人类文化的宝贵价值。对他来说，消灭文化、伤害与己亲近的和疏远的人的性命、残害任何一个人的生命，都是极大的犯罪。”

据与会者回忆：“在会议期间的最后一个晚上，全体代表站在观礼台上，华沙民众缓缓从他们面前通过。他们手中的火炬若隐若现，火焰似乎马上就要熄灭，可是突然又变得更加明亮。火炬放射出的激动人心的光芒表达了沸腾在人们心中的希冀。焰火照亮了华沙的夜空，照亮了战争留下的令人恐怖的废墟和新建的高楼、建筑工地、厂房、工厂、维斯瓦河、犹太区的灰烬、人民的灾难及其欢乐。成千上万的人都仰望夜空，一束巨大的火光突然在天空中散开，一颗闪亮的红星仿佛悬挂在浓密的云层之间。”

## 《第十交响曲》

在苏联卫国战争年代，《第七交响曲》《第八交响曲》曾标志着肖斯塔科维奇的创作顶峰，而卫国战争之后的年代，可称为他创作顶峰的是 1953 年创作的《第十交响曲》。《第十交响曲》延续了肖斯塔科维奇从《第四交响曲》开始的交响音乐创作主线。从某种程度上看，《第十交响曲》是对作曲家创作探索的总结，其中许多探索都曾蕴含在了《第十交响曲》的音乐形象、旋律和音调，甚至还有具体的主题中。广大听众迫切地期望着《第十交响曲》的问世，这是因为《第九交响曲》创作于 1945 年，而且当时很多人并没有把它纳入肖斯塔科维奇的重要作品中，在他的交响曲创作历程中还从未有过如此长期的间隔，这个情况强化了听众本来就十分浓厚的兴趣。

1954 年，苏联作曲家协会召开了关于《第十交响曲》的讨论。这是一次成效显著的会议，为评价这部新作提供了丰富的素材。最引人注目的是肖斯塔科维奇在大会上的发言，他向与会者披露了自己的一点“创作秘密”：

> 去年夏天，我开始创作《第十交响曲》，像我的其他作品一样，我很快就写完了这部交响曲。或许，这并不是一个长处，而是一个弱点，因为在这种快速完成的作品中，总是会出现一些不完美。作品刚刚写完，你的创作热情顿时消失；而当你发现作品中的缺点时，你自然会这样想，在下一部作品中，尽量避免这些缺点，不也是一种不错的方案吗？作品既然已经完成了，也就该放心了。

《第十交响曲》CD 封面

肖斯塔科维奇没有说明《第十交响曲》具体的创作构思，因为这是一部无标题交响曲。“我最感兴趣的是，听众对我的新交响曲有什么看法……但是有一点我还想说明：我本人想通过《第十交响曲》，表现人类的情感和追求。”可见，人是主要主题，与会者坚定地表示，《第十交响曲》的音乐表达了人的内心世界，这部作品具有特别深刻的精神和细腻的思想，某些音乐形象的含义广泛而深邃，而每个形象都被赋予饱满的情感，有时甚至是矛盾的情感，这就是大家难以对《第十交响曲》进行描述的原因。卡巴列夫斯基对这种思想和构思作了精彩的概述，他说：

当今世界正处于局势紧张的状态之中，整个世界都在为未来和人类的命运而担心。“地球上应不应该出现新的灾难”这个问题一直困扰着亿万人民，难道这个问题不会困扰肖斯塔科维奇这样的为世界和平而奋斗的伟大艺术家和杰出的社会活动家吗？我深信，《第十交响曲》之所以是一部无标题作品，是因为作品中明确地表现的冲突和紧张氛围，正是全世界人民正在经历的冲突和紧张……这部交响曲的巨大进步意义和人道主义精神就在于此，即在于肖斯塔科维奇借以深刻揭示恶势力的威力之中，交响曲深刻的现实意义也就在于此。

第一乐章充满了诸多思考，把奏鸣曲式与慢速和均匀的、不太快的曲式结合起来，而音乐思想的徐徐展开则伴随着巨大的、隐蔽性的冲突要素。作曲家在默默地逐渐酝酿着音乐发展所需要的情绪。由于题材的自然属性、旋律和调试特点等不同，使第一乐章的主题也有些不同。前奏主题并不具有直截了当的抒情性和优美的旋律。与此相反的是，主部正主题的抒情性和歌唱性极强，其中还有女性特有的温婉和魅力。第三个主题则显得比较矜持，仿佛是局限于自身的运动之中。无论是在前奏中，还是在呈现部里，不仅表现了交响曲“主人公”复杂的心理状态，而且表现了肖斯塔科维奇作品中人物常有的特点，即个人与社会构成了一个不可分割的整体。

第二乐章既有敌对势力的形象，也有与世界上的恶势力作斗争的场面。在对“正面形象”和“反面形象”的探索中，很难区分这段“谐谑曲”的各种不同的音乐要素。虽然音乐内容中充满了冲突性，但仍然是一个完整的统一体，给听众留下了刚刚点燃的一团火变成了烈焰的印象。

第三乐章是一个复杂而具有广义音乐内容的例子，是将各种不同情绪和激情都达到独特融合的例子。整个音乐贯穿着舞曲节奏，舞蹈性在正主题中清晰地表现出来。事实上，表现舞蹈之魂的不仅是节奏，还有音乐结构、旋律和配器法的某些细节。但是，在第三乐章中既没有兴奋，也没有欢乐，交响曲的主人公有时也很想使自己摆脱所有的阴郁和不愉快。

关于《第十交响曲》的终乐章，卡巴列夫斯基曾作出如下评价：“终乐章再现了童年和青少年时代的形象……而对于我来说，童年的形象永远意味着人们对未来的观望，意味着人们对未来的憧憬和渴望……童年和青少年主题与为和平而奋斗的主题有着千丝万缕的联系，因为儿童就是我们的未来，我们正是为了他们而投身于斗争之中。”

现代舞《肖斯塔科维奇密码》

以肖斯塔科维奇的音乐与生平为题材的作品

许多音乐评论家曾给予《第十交响曲》高度评价，但是他们当中的许多人对该交响曲的终乐章提出了严厉的批评。他们认为，在终乐章里对取得光明未来的胜利的信心不够坚定，最好再增加一个乐章，以便充分体现“这一斗争伟大的胜利结局”。这种意见曾经一度影响很深，根据这种意见，并基于十分尖锐的冲突的音乐思想和创作理念，就必须对表现对抗形象之间斗争的形象提出要求，即音乐必须以应用主义精神胜利而告终。肖斯塔科维奇的《第五交响曲》和《第七交响曲》都是以这种胜利大结局而结束的。其实，完全可以通过另外的方式结束全曲。从自身内容来看，《第十交响曲》的终乐章是具有说服力的，尽管它没有描写英勇精神，但它的主旨的确是面向未来的，音乐的正面思想也是通过青春、大自然和人民的欢乐形象表现出来的。

# 第 7 章：桂冠作曲家

## 音乐家的春天

1956 年，赫鲁晓夫继斯大林后成为苏联的新一任领导人，并于 2 月 25 日发表了具有历史意义的演说，在苏共二十大的一个内部集会中指责了斯大林。在他的演说中，提到“因违反集体领导原则而造成严重的伤害，并把无限大权集中在一个人手里”。赫鲁晓夫的演讲带来了政治缓和、个人自由与文化交流的一段时期，这是苏联从列宁时代以来所未见的。从 1957 年 4 月起，肖斯塔科维奇重新开始了苏联作曲家协会的领导工作，并成为该协会的秘书长，从 1960 年 4 月起，他又担任了俄罗斯联邦作曲家协会的第一秘书，直到 1968 年，当他每况愈下的身体迫使他大量减少社会活动之前，他一直主持着协会的工作。

为了配合“革命浪漫主义”与“复兴列宁典范”的热烈情绪，肖斯塔科维奇谱写了《第十一交响曲》，以纪念十月革命胜利四十周年。与以往不同的是，这部新作的首演并不在列宁格勒，而是于 1957 年 10 月 30 日在莫斯科举办的。交响曲演奏完毕之后，现场听众都站起来喝彩，并报以经久不息的热烈掌声，以表示对该作品的接受和肯定。各大媒体也对《第十一交响曲》表示一致赞同。1958 年，肖斯塔科维奇获得了“列宁国家奖金”则进一步肯定了作曲家的辛勤劳动。

为了追求历史与社会现实描写的真实性和可靠性，肖斯塔科维奇在谱写《第十一交响曲》时，以思想内容准确而具体的歌曲主题为基础。在这首交响乐中，既有描写政治监狱和流放地的歌曲《注意听!》和《被捕者》等旋律，还有描写 1905 年革命的歌曲《葬礼进行曲》《发疯吧，暴君》《华沙工人之歌》中的旋律，也有作曲家合唱诗篇《1 月 9 日》中的两个主题《愿你长在，我的苍天老爷》和《脱帽》的旋律。虽然《第十一交响曲》中没有类似被展开的引用主题，但是整个交响曲的主题对比却充满了革命的元素。

1961 年 10 月 1 日，肖斯塔科维奇专门为纪念列宁而谱写的《第十二交响曲》在列宁格勒举行了首演，两天后，他在列宁格勒基洛工厂再次演奏了这部交响曲。与《第十一交响曲》不同，《第十二交响曲》没有悲剧性冲突，也没有再现与人民对立的具体的敌对形象。作曲家的全部注意力都集中在对正面形象——人民、革命和列宁的描写上。

这两部交响曲在音乐思想和创作风格上都达到了统一，这在肖斯塔科维奇的交响乐创作中还是第一次。《第十一交响曲》《第十二交响曲》中的史诗般的热情，与作品及其个别乐章表明的标题有着直接的关系。下面让我们分别看看这两部交响曲各个乐章的小标题：《第十一交响曲》：《宫廷广场》《1 月 9 日》《永恒的记忆》和《警钟》；《第十二交响曲》：《革命的彼得格勒》《春汛》《“阿芙乐尔”巡洋舰》和《人类的曙光》。

1962 年，肖斯塔科维奇谱写了《第十三交响曲》；1969 年，他完成了《第十四交响曲》的创作。这两部交响曲都有别于其本人创作的其他交响曲的一些特殊的体裁方面的特征。在这两部交响曲中，作曲家对交响乐与声乐体裁融为一体的兴趣得到了最大限度的表现。交响曲的音乐里既有清唱剧的特征，也有歌剧对交响乐的影响，《第十四交响曲》甚至与声乐套曲特别相像。

《第十三交响曲》是为独唱演员、男生合唱团与乐队而作的一部交响曲，1962 年 12 月 18 日在莫斯科举行了首演。肖斯塔科维奇依然坚信自己创作的主要主题，所以《第十三交响曲》所描写的仍然是关于人的命运，控诉那些灭绝人性、摧残人类生命的残忍而恐怖的恶势力。除此之外，诗人和作曲家还考虑到这样的问题：一个人在不同的环境下应该如何表现？人究竟应该怎样把握自我？肖斯塔科维奇曾经说过，一个人、一个公民这样的社会行为主体一直吸引着他，所以在《第十三交响曲》中他提出了公民道德的问题。作曲家塑造了富有巨大威力的悲剧形象，但是在交响曲当中，既有深刻的抒情色彩，也有激昂而机敏的幽默，还有战胜黑暗势力和勇于克服困难的乐观精神。在与敌对势力展开的艰难斗争中，受到崇高而不朽的思想鼓舞的苏联人民获得了胜利。

《第十四交响曲》是为女高音、男低音与室内乐队而作的一部交响曲。这部交响曲由十一个乐章组成，分别选用了不同时代、不同民族的诗人创作的诗歌，如《内心深处》（洛尔卡）、《马拉哥尼亚》（洛尔卡）、《自杀的女人》

（阿波里奈尔）、《诗人之死》（里尔克）等。《第十四交响曲》向听众展示了各种不同的形象、画面和幻象。这是一个多侧面的、多变幻的和五彩缤纷的大世界。在聆听这部作品时，我们仿佛是从一个国家漂流到另外一个国度，那里有阉人的安达卢西亚干枯的土地、小酒馆、吉他歌手的演唱……肖斯塔科维奇在谈到自己的创作时说：

> 我谱写这部交响曲，不仅是因为我已经度过了大半个人生，尽管死亡的重型炮弹正在步步逼近，但是我平时很少考虑这个问题。每个人都不会忘记自己将要死去，只是为了更好地走完自己剩余的人生之路。是的，我们都不可能永生，但正是因为如此，我们才应该抓紧时间，争取为人类多做些好事。

在肖斯塔科维奇所作的十五部交响曲中，与我们熟悉的交响曲距离最大的就是《第十四交响曲》。它是一部多乐章作品，每个乐章又特别短小。这两个特点已经足以说明，《第十四交响曲》与传统的奏鸣交响曲式是不相符的。而且这部交响曲中，既没有对交响曲十分重要的奏鸣曲式，也没有一般交响曲中经常出现的回旋曲式。因此，这部交响曲倒像是一部室内作品。尽管如此，《第十四交响曲》毕竟是一部交响曲，因为它再现了深刻的构思、对抗性矛盾和冲突，这些构思、冲突和矛盾正是在交响曲和交响音乐内在逻辑的发展过程中得以揭示的。因此，除第五、第七、第八交响曲之外，《第十四交响曲》也属于当代最伟大的作品之一。

《第十一交响曲》CD 封面

## 他国知音

在这一时期，肖斯塔科维奇结识了许多著名的音乐家，其中最著名的有斯特拉文斯基和布里顿。

在经历了近五十年的自我放逐之后，斯特拉文斯基回到苏联，成为1962年文化解冻的另一个象征。肖斯塔科维奇对斯特拉文斯基的某些作品非常景仰，他向朋友解释道：

> 这项邀请……是高层政治运作的结果。上级决定让他成为第一号国家作曲家，但是这个策略没有成功。斯特拉文斯基没有忘记他曾被称作美帝国主义的走狗和天主教会的随从，而那样称呼他的这些人现在又展开双臂迎接他。

尽管如此，我们必须承认，斯特拉文斯基并不景仰肖斯塔科维奇。在斯特拉文斯基到访期间，出席了一些多少有点官方意味的宴会。10月1日，苏联文化部举办了一次招待会，指挥家兼作曲家的罗伯特·克拉夫特这样描述肖斯塔科维奇在宴会上的表现：

> 肖斯塔科维奇是目前为止我在苏联所见到过的最“敏感”、最具智慧的面孔。他比人们想象的要瘦、要高、要年轻，外貌较为童稚，但他也是我见过的最害羞而紧张的人。他不但咬指甲，还咬手指，抽动他噘起的嘴唇与下巴，烟不离手，不停地挤着鼻子以调整眼镜的位置，一会儿看似暴躁，一会儿却又像要哭出来的样子。他的双手颤抖，说话口吃，握手的时候整个人的骨架都摇起来。他说话时膝盖抖动，这时其他人都为他捏一把汗，或许确实如此。他有盯着人看的习惯，当别人看见他的时候又会心虚地移开目光。整个晚上，他就隔着福尔策娃女士浑圆的身躯偷偷瞄着斯特拉文斯基。那对惊惧而聪明的眼睛完全不透露思绪……

1963 年 3 月，肖斯塔科维奇在英国音乐节期间访问，结识了另一位他仰慕已久的作曲家，来自英国爱德堡、49 岁的布里顿。他们两人彼此惺惺相惜，布里顿在战前欣赏了肖斯塔科维奇的《姆钦斯克县的麦克佩斯夫人》之后，就很看重这位苏维埃音乐家。访问期间，肖斯塔科维奇与布里顿开始了一段温暖的艺术友谊，并一直持续了12年，直到肖斯塔科维奇去世为止。布里顿的性格与音乐在当时强烈地吸引着苏联音乐界的同仁和听众，这个音乐节也促成了几次有益于创作的访问。布里顿也在爱德堡热诚回报他们的接待，安排了数首肖斯塔科维奇的作品在当地演出，其中包括1970年在俄国之外首度演出的《第十四交响曲》。1966年12月31日，布里顿来到肖斯塔科维奇位于莫斯科城外的乡间别墅拜访，同行的一位好友记录了这次会见：

布里顿

我们受邀于下午1点钟到德米特里家去，当然又迟到了。惊喜的是在楼上的卧房里特别播放着老版本的《淘金热》。我们先前已经喝了一点伏特加，而影片的长度刚好，然后我们手里拿着香槟走到室外灯火通明的圣诞树旁，并在苏联国歌声中举杯祝贺新年，之后彼此亲吻，在场的包括肖斯塔科维奇夫妇、他们的女儿加利雅与她奇装异服的丈夫，还有我们。然后，我们围着长桌吃了一顿大餐，桌上摆满了饮料和食物，还有礼物。我们每个人都有白兰地或伏特加，一只假鼻子（不会要你戴超过一两分钟的）。稍后，德米特里将新作的歌曲《斯特潘·拉辛》的乐谱送给布里顿，还有一份同样的给我。这时，德米特里累了，而且他最近发过一次心脏病，因此我们就让他上床休息了。

## 晚年创作

20 世纪六七十年代，这位苏联作曲家得到国际音乐界进一步的承认。1960 年，他当选为苏联友好协会音乐部副主席；1961 年，他成为塞尔维亚艺术研究院名誉院士；自 1963 年起，肖斯塔科维奇开始成为联合国教科文组织音乐委员会委员；1968 年，他被巴伐利亚美术研究院授予“通讯院士”称号；1970 年，他成为芬兰作曲家协会名誉会员；1971 年，苏联政府授予肖斯塔科维奇十月革命勋章；1975 年，他被法国美术研究院授予“名誉院士”称号。

1973 年，肖斯塔科维奇积蓄力量并再度远赴美国。他乘坐“米哈伊尔·罗蒙诺索夫”号客轮从列宁格勒出发，在若干天之后，抵达美国，并在那里逗留了十天。他此次访美，主要是为了接受伊利诺伊州埃文斯顿西北大学授予他的名誉博士学位。在美国，他走访了“大都会歌剧院”，

晚年的肖斯塔科维奇

聆听了他最喜爱的威尔第歌剧《阿依达》。他多次接受了记者采访，并回答了他们提出的一些问题。他向美国记者讲述了他与布里顿、欣德米特等西方著名作曲家相识的情景；讲述了他的歌剧《鼻子》在柏林轻歌剧院的演出盛况，尽管他很久没有谱写新的歌剧，但是这个体裁依然深藏在他的脑海之中。他还说道，自己一直打算创作一部电影版歌剧，因为这种艺术形式会开拓作曲家广阔而充满幻想的发展前景。有人曾经向肖斯塔科维奇提出这样的问题：他一般是怎样谱曲的？是坐在钢琴旁一边弹琴一边记谱，还是坐在书桌旁静静地创作？“我最喜欢坐在书桌旁谱写音乐。”作曲家回答说。

肖斯塔科维奇在70年代创作的第一部作品是由8首叙事曲构成的套曲《忠诚》，这部作品是献给苏联作曲家和指挥家埃尔涅萨克斯的，埃尔涅萨克斯亲自指挥了该作品的首场演出。遗憾的是，其中几首叙事曲并不是很成功，主要是由于音乐素材贫乏且平淡的缘故，合唱结构也没有得到应有的发挥。对肖斯塔科维奇晚年的作品作出这种评价，人们感到既不情愿，也十分困难。但是作曲家本人则认为，真实和坦诚高于一切。正是他的这种态度鼓励我们对这部作品进行客观而真实地评价。

到了晚年，肖斯塔科维奇将他的主要精力用在了弦乐四重奏的创作上。这种体裁一直对他有特殊的吸引力。1970年，他谱写了单乐章的《第十三号弦乐四重奏》。这部作品是献给中提琴家鲍里索夫斯基的，虽然他当时还在世，但是由于身体状况恶化而未能亲自参与新的四重奏的演奏，代替他上场的是他的学生德鲁日宁。肖斯塔科维奇把这部四重奏称为悲剧式作品，但同时又有滑稽可笑的成分。作曲家运用了一种特殊的手法，即用弓杆敲击中提琴的腹板。这种轻微而均匀的敲击声好像钟摆的摆动声，与其他音乐表现手法的同时运用，象征着时间在飞驰，而这种运动是任何人、任何事物都无法阻止的。

1973年和1974年，肖斯塔科维奇分别谱写了他最后两首弦乐四重奏，即《第十四号弦乐四重奏》和《第十五号弦乐四重奏》，其中《第十四号弦乐四重奏》是献给“贝多芬四重奏乐队”的大提琴家希林斯基的一部作品，所以肖斯塔科维奇特别重视大提琴声部，还特意借用了歌剧《卡捷琳娜·伊兹迈洛娃》女主人公卡捷琳娜的一个乐句：“谢廖沙！我亲爱的！”这部四重奏得到了苏联音乐学家波波夫的高度评价：

> 从表面上看，《第十四号弦乐四重奏》比较简朴：全曲是由三个简短的乐章组成的，作品结构清晰而简单，音乐旋律比较鲜明，四重奏的音乐优美动听，使听众明显感到，四重奏的音乐与俄罗斯民歌旋律要素有着密切的联系。除此之外，这首四重奏的音乐形象异常充实而饱满。

在晚年时期，肖斯塔科维奇创作的另一部作品是《第十五交响曲》。在写完两部标题交响曲（第十一、第十二交响曲）、两部声乐－器乐交响曲（第十三、第十四交响曲）之后，肖斯塔科维奇再次谱写了一部无标题器乐交响曲，这部交响曲完成于1971年，标号为op. 141，也是他最后的一部交响曲。《第十五交响曲》吸收了肖斯塔科维奇交响音乐创作中最重要的特点，主要包括：音乐悲剧性、尖锐的矛盾和冲突性、黑暗与光明之间最大限度的对比性。与此同时，《第十五交响曲》是作曲家晚年创作的非常典型的一部作品，作品的一大特点是：这部交响曲与他的其他作品、与其他作曲家的作品，在主题与音调方面存在一定的联系。其中最明显的引进，就是选自罗西尼的歌剧《威廉·退尔》中的进行曲主题、选自瓦格纳的歌剧《尼伯龙根的指环》中的命运主导主题。《第十五交响曲》的首场演出是由肖斯塔科维奇的儿子马克西姆指挥的，演出取得了巨大的成功。后来，又在年轻的石油城——苏姆盖特市举行了演出。在那次演出之前，作曲家特意增加了交响曲内容简介，向听众讲解了交响曲的主题思想。在交响曲演奏时，听众都屏住了呼吸，最后他们对这场演出报以最强烈的回应。

美国大都会歌剧院，摄于 1937 年

## 最后的作品

从 1975 年夏天起，肖斯塔科维奇就一直住在莫斯科郊外的别墅。6 月 25 日，他打电话给“贝多芬四重奏乐团”的一个乐手——中提琴家德鲁日宁，说他正在为中提琴与钢琴谱写一首奏鸣曲。而德鲁日宁曾多次向肖斯塔科维奇表示，假如能为中提琴创作一部作品该多好啊。探索精神一直在肖斯塔科维奇的心中涌动，他原来为钢琴、小提琴与大提琴谱写过一系列奏鸣曲，但他还从未专门为中提琴谱写过任何作品，所以他现在决定进行这方面的“尝试”。

肖斯塔科维奇的自我感觉越来越差，他的手疼得厉害。尽管如此，他依然决定 7 月底之前完成这部中提琴与钢琴奏鸣曲的创作。像平时一样，他对自己的创作始终都非常负责。在他谱写了十五首弦乐四重奏之后，他已对中提琴这种乐器的特性、功能、表现手法和技术手段等都有了深入的了解。但是，他依然认为，完全有必要向德鲁日宁咨询，以便进一步了解中提琴在技术表现手段方面的问题。1975 年 7 月 4 日，他给德鲁日宁打电话说："费佳，我的身体很不舒服，看来我必须去住院治疗。"在此之前，肖斯塔科维奇已经完成了三个乐章中提琴奏鸣曲的前两个乐章。7 月 6 日，他正式通知大家，《中提琴奏鸣曲》已经完成！他只花费了两天的时间，就写完了奏鸣曲的第三乐章。看来他很早就酝酿了这部奏鸣曲，只不过没有直接写出来，而只是记了下来。

《中提琴奏鸣曲》是一部大型作品，其演奏时间大约需要 30 分钟。当肖斯塔科维奇与德鲁日宁讨论这部作品时，他特意为其中的三个乐章定名——奏鸣曲式的故事、诙谐曲和柔版。这三个乐章的奏鸣曲可谓"货真价实"，音乐充分体现了"真正的肖斯塔科维奇特色"。德鲁日宁这样写道：

> 《中提琴奏鸣曲》实际上是作曲家对生活、爱情和美好生活的继续思考。在终乐章里，我们听到了贝多芬《月光奏鸣曲》第一乐章的旋律，作曲家显然是担心"纪念"一词可能使人们立刻联想到痛感音乐，所以强调"这是一种乐观的和愉快的音乐"。是的，

肖斯塔科维奇最后一部作品的确是以乐观情绪的乐章结束的，其中具有一种特殊的平静，这是只有历经生活磨炼的智者才能达到的高尚的平静。

《中提琴奏鸣曲》内容丰富、音乐发展范围广泛，这些都是交响乐和室内乐作曲家——肖斯塔科维奇创作的固有特点。中提琴声部涉及的内容非常之多，作曲家巧妙地运用了中提琴特有的表达情绪的特点、音色及其他技术手段。肖斯塔科维奇把这部《中提琴奏鸣曲》献给了德鲁日宁，但令人遗憾的是，作曲家注定听不到他的演奏了。1975 年 7 月 20 日，肖斯塔科维奇被送到医院，他在医院里给德鲁日宁写信道：

亲爱的费佳，非常遗憾，乐谱尚未准备就绪，8 月初就能彻底印刷完毕，我会立刻给您寄去的。当您收到乐谱之后，请马上通知我，我的病房里有电话……8 月中旬之前，我将在医院治疗，或许，我还能提前出院。

8 月初，肖斯塔科维奇的病情开始恶化，但当他收到奏鸣曲乐谱后，马上开始校对。8 月 5 日，这部《中提琴奏鸣曲》校对完毕。与这本乐谱一起完成的，还有作曲家持续近半个世纪的忘我劳动，他把自己的一生毫无保留地献给了艺术事业和社会活动。8 月 9 日，肖斯塔科维奇的心脏停止了跳动。

“当代伟大的作曲家，69 岁的德米特里·德米特里耶维奇·肖斯塔科维奇与世长辞。这是苏联文艺界和国家艺术界沉痛的和无法挽回的损失……”1975 年 8 月 12 日的《真理报》和其他几种报纸都发表了悼念文章。各大报纸上登载的悼念文章都是这样结束的：“肖斯塔科维奇的天才及其伟大创举将永垂青史。”在悼念文章末尾签字的共有 85 人，其中首先签字的是苏联最高领导人——勃列日涅夫。

莫斯科音乐学院的大音乐厅里频繁地演奏着肖斯塔科维奇的音乐作品，而他本人已经躺在鲜花丛中的棺木之中了。他的面部似乎发生了巨大的变化，原先那种顽强的表情已经僵化。一双痉挛的手已经变凉，但这毕竟是肖斯塔科维奇的一双手，修长的、神经质的手，前不久还拿过他最后一部乐谱作品的手。而今，他安详地躺在棺木之中。

追悼会开始后，作曲家谢德林的悼词使人刻骨铭心，这是对肖斯塔科维奇深刻而准确评价的典范，是一幅最佳的语言肖像：

我在想，究竟如何才能言简意赅地概括他这个人的形象，我最后选择了两个词语——“义务”和“良心”。德米特里的责任心、同情心和个性都是无可比拟的。他在自己的一生中做了多少善事，在苦难时帮助了多少好人，他曾经为多少人提供过支持，向他们提出了多少好的建议和临终赠言！

苏联文化部副部长库哈尔斯基讲述了肖斯塔科维奇的爱国主义功绩，之后演奏了当代最伟大的作曲家、生前已被称为“世纪作曲家”的肖斯塔科维奇的表现英勇精神的《第五交响曲》终乐章。

葬礼仪式开始了，莫斯科街上挤满了人，他们要送肖斯塔科维奇最后一程。正式葬礼在莫斯科新处女公墓举行，在那里长眠的有 19 世纪俄国著名作家果戈理、契诃夫、马雅可夫斯基、列夫托尔斯泰，而肖斯塔科维奇也将在那里安息。

1977 年 9 月 23 日，在肖斯塔科维奇最后一套住房所在的楼房门前举行了纪念碑揭牌仪式。纪念碑上雕刻的是肖斯塔科维奇的侧面像，他以自己最喜欢的姿势坐在那里，两手放在膝盖上，在他的背后是一架卧式钢琴。

肖斯塔科维奇的音乐依然服务于人民。像往常一样，世界各地都在演奏他的音乐作品。他的音乐与许多人的命

肖斯塔科维奇诞辰100周年纪念币（正面）

肖斯塔科维奇诞辰100周年纪念币（反面）

运紧密相连，为人民提供道义上的帮助和精神上的支持。肖斯塔科维奇把一切都留给活着的人们，他为人类留下了自己的音乐，这是他给后人留下的一份无价的厚礼，所以我们在为他制作的纪念碑上看到下面的具有远见的诗句：

我仿佛已经死去，
但我还为世人
而活着，
为了使他们得到慰藉，
我活在所有懂得博爱者的心中，
这就是说，我还不是一把灰烬，
阴燃的鬼火不会危及我的生命。

肖斯塔科维奇的墓碑